세상 모든 음식에 숨은 이야기
우리 할아버지는
괴짜 요리사

- 고고 지식 박물관 44
우리 할아버지는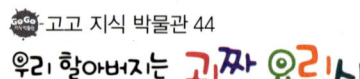

글 김수경 | 그림 황정원

초판 1쇄 펴낸날 2010년 11월 15일 | **초판 3쇄 펴낸날** 2015년 8월 17일
펴낸이 정구철 | **기획이사** 최만영 | **편집장** 한해숙
기획 우리누리 | **편집** 최현정, 윤경란 | **디자인** 디자인 알도
마케팅 박영준, 신희용 | **영업관리** 김효순 | **제작** 김용학, 김성수
펴낸곳 (주)한솔수북 | **출판등록** 제2013-000276호 | **주소** 121-896 서울시 마포구 월드컵로 96 영훈빌딩 5층
전화 02-2001-5823(편집), 02-2001-5828(영업) | **전송** 02-2060-0108
전자우편 isoobook@eduhansol.co.kr | **누리집** www.isoobook.com | **북카페** cafe.naver.com/sooboo
ISBN 978-89-535-7380-2 74030 ISBN 978-89-535-3408-7(세트)

ⓒ 2010 우리누리·(주)한솔수북
※저작권법으로 보호받는 저작물이므로 저작권자의 서명 동의 없이 다른 곳에 옮겨 싣거나 베껴 쓸 수 없으며 전산장치에 저장할 수 없습니다.
※값은 뒤표지에 있습니다.

한솔수북의 모든 책은 아이의 눈, 엄마의 마음으로 만듭니다.

세상 모든 음식에 숨은 이야기

우리 할아버지는 괴짜 요리사

GoGo 지식 박물관

머리말

　세상에 먹는 일보다 더 중요한 일이 있을까요? 네? 있다고요?
　그게 공부든 게임이든, 아무리 중요한 일도 밥을 안 먹고는 제대로 할 수 없어요. 사람은 맛있는 밥을 먹어야 쑥쑥 힘이 나서 뭔가 하고 싶은 의욕이 샘솟지요. '금강산도 식후경'이란 말도 있잖아요.
　밥은 그렇게 우리가 살아갈 수 있는 힘이자, 또한 즐거운 약속이에요. 맛있는 것을 먹는 일은 생각만 해도 참 즐거워요. 아유, 세상에는 어찌나 맛있는 음식들이 많은지! 김밥, 떡볶이, 비빔밥, 불고기, 삼겹살, 갈비, 돈가스, 프라이드치킨, 햄버거, 피자, 스파게티, 오징어 볶음, 자장면, 짬뽕, 김치찌개, 된장찌개……. 먹고 또 먹어도 다 못 먹을 만큼 세상엔 여러 가지 먹을거리가 있어요. 사람이 살기 위해 먹는지, 먹기 위해 사는지 가끔 헷갈릴 때가 있을 만큼 말이에요.
　그런데 가만 보니, 우리가 먹는 음식들에는 다른 나라에서 건너온 것들도 많네요. 요즘은 어디서나 세계 여러 나라의 요리를 즐길 수 있어요.
　이 세상 어디든, 어느 나라 사람이든 누구나 다 음식을 먹고 살아요. 그런데 무엇을 주로 먹는지, 어떤 방법으로 먹는지는 다 달라요. 우리가 날마다 먹는 밥 대신 빵을 주식으로 하는 사람들도 있어요. 돼지고기나 오징어를 먹지 않는

사람들도 있고요. 나라마다 요리와 음식은 다 달라요.

왜 그렇게 다 다를까요? 저마다 사는 곳의 날씨가 다르고, 자라는 곡식이나 가축이 다르기 때문이지요. 또 종교나 문화가 그 나라 사람들이 먹는 방법과 먹을 수 있는 음식 종류를 정해 주기도 해요. 그래서 사람들이 먹는 음식을 보면 한 나라의 문화를 알 수 있답니다. 이 책은 바로 그런 세계의 음식 문화와 그 안에 숨은 이야기를 살펴보고 있어요.

"설탕이 있는 곳에 노예가 있다!"
"흙 속에서 자라는 감자는 악마의 음식이야!"
"콩을 먹는 건 어머니 머리를 물어뜯는 것과 다름없어!"

대체 이 말들은 무슨 뜻일까요? 궁금하면 책장을 넘겨 보세요. 책 속으로 들어오면 늘 다이어트에 실패하고 마는 은하와, 괴짜 같지만 으뜸 요리사인 은하 할아버지도 만날 수 있어요.

글쓴이 김수경

차례

- 04 **머리말**
- 08 **나오는 사람들**

- 10 **금강산도 식후경**
  먹는다는 것
- 24 아랍의 음식 문화

- 26 **군대에는 맞서도 음식에는 못 맞선다**
  세계 역사를 바꾼 음식
- 44 세계 역사를 바꾼 감자

- 46 **죽은 고기와 피와 돼지고기를 먹지 말라**
  금기 음식
- 60 **금기 음식도 가지가지**

62 **떡 본 김에 제사 지낸다**
  음식과 문화
76 *여러 가지 향신료*

78 **요리사가 많으면 수프를 망친다**
  요리의 역사
92 *요리 역사의 전환점이 된 프랑스 대혁명*

94 **네 발 달린 건 책상 빼고 다 먹지**
  세계의 음식
110 *세계 여러 나라의 요리 ①*

112 **생선도 손님도 사흘이면 악취를 풍긴다**
  잘 먹는다는 것
128 *세계 여러 나라의 요리 ②*

130 몸에 좋은 먹을거리, 몸에 나쁜 먹을거리

나오는 사람들

유은하

나? 이제 곧 열두 살이 될 어엿한 숙녀다. 겨울방학만 지나면 5학년이다. 요즘 나의 으뜸 관심사는 다이어트! 난 머지않아 가수가 될 몸이니까. 좋아하는 음악 장르는 힙합이다. 노래와 춤을 겸비해야 하는 분야다. 날씬하지 않으면 가망이 없다. 내가 연예인이 되기로 마음먹은 건 4학년이 되고부터다. 그때부터 살이 안 찌게 먹는 양을 조절하느라 애를 쓰고는 있다. 그런데 왜 세상에는 맛있는 것들이 그렇게나 많은지…….

외할아버지

갑자기 나타난 우리 외할아버지는 머리부터 발끝까지 특이하시다. 은발을 묶은 꽁지머리에 구멍 난 청바지를 입으시질 않나, 힙합 춤을 우리보다 더 잘 추시질 않나……. 그런데 더 놀라운 사실은 외할아버지가 외국에서도 이름난 으뜸 요리사라는 것! 그뿐인가? 세계 구석구석 여행을 하셔서인지 요리에 얽힌 이야기도 모르는 게 없으시다. 바로 그게 문제다. 너무 요리를 잘하셔서 나의 다이어트에 적이라는 점!

엄마와 아빠

세상에서 가장 덜렁대는 아줌마인 우리 엄마. 요리 솜씨는 그런대로 괜찮지만 다른 집안일엔 영 소질이 없으신 것 같다. 그런데 용케 회사에서는 그럭저럭 일을 하시는 모양이다. 회사에서 해외 연수까지 보내 주는 걸 보면 말이다. 엄마는 겨울 방학 동안 날 버리고 캐나다로 훨훨 떠나 버렸다. 우리 아빠는 군인이라서 혼자 지방에서 지내신다. 엄마와 아빠는 내가 겨울 방학 내내 할아버지와 전쟁을 치르고 있다는 걸 알기나 하실까?

이현수와 내 친구들

나, 은근히 친구 많다. 내 생일 잔치에 쉰 명이 넘는 친구들을 초대했다는 게 바로 그 증거다. 하지만 그 많은 친구들 가운데 내 마음을 설레게 하는 아이는 딱 하나, 이현수뿐이다. 나와 같이 힙합에 빠져 있는 친구다. 게다가 현수는 우리 학교에서 가장 잘생긴 남자아이다. 그러니 어찌 현수를 보고 가슴이 설레지 않을 수 있겠는가!

금강산도 식후경
먹는다는 것

"뭐? 어딜 간다고?"

나는 귀에 꽂힌 엠피스리 이어폰을 잡아 빼며 물었다. 보통 엄마가 하는 말은 귀담아 안 들어도 그만이라 웬만해선 이어폰을 빼지 않는다. 들어 보나 마나 공부하라는 말, 아니면 이어폰 좀 빼라는 말일 테니까. 하지만 이번엔 분위기가 좀 달랐다.

"캐나다."

엄마는 내 눈을 똑바로 바라보고 말했다.

"엄마가 캐나다엘 간다고?"

"응. 회사 해외 연수야. 이번엔 빠질 수가 없어. 나도 널 혼자 두고 가고 싶진 않지만……."

"그러니까, 겨울 방학 내내 나 혼자 있어야 한다고?"

난 엄마의 말을 자르며 물었다.

아빠는 군인이라서 거의 지방에 계시다. 엄마는 회사 때문에, 나는 학교 때문에 아빠와 함께 살지 못하고 서울에 산다. 난 형제도 없다. 그런데 지금 엄마가 겨울 방학 동안 캐나다엘 가겠다는 거다. 그럼 이 집에 나 혼자 남아야 한다는 이야기?

"아, 물론 너 혼자 지내라는 건 아냐. 널 돌봐 줄 분이 오실 거야."

"그게 누군데?"

나는 얼른 물었다. 나도 한 달만 있으면 열두 살인데 누가 나를 돌봐 준다는 말을 들으려니 조금 낯간지럽기는 했다. 그렇지만 아무래도 나 혼자 산다는 건 무리다. 밥은 어떻게 해 먹고 빨래는 어떻게 하겠는가?

"외할아버지야."

"뭐? 외할아버지?"

나는 입을 딱 벌리고 말았다. 할아버지라고? 할아버지가 대체 어떻게 내 밥을 해 준단 말인가?

"외할아버지야말로 외국에 사는 분 아니었어?"

나는 외할아버지를 본 기억이 가물가물했다. 다섯 살 때인가 한 번 보았다고 들었는데, 사실 난 기억이 잘 나지 않았다. 외할아버지는 외국을 돌아다니며

사신다고 했다.

"마침 우리나라에 잠깐 들어오신다기에 엄마가 부탁 좀 했지. 그랬더니 아주 좋아하시던걸? 안 그래도 손녀딸이 몹시 보고 싶으셨다지 뭐냐."

"하, 하지만 할아버지가 어떻게······."

나는 뒷말을 못 이었다. 하지만 엄마는 금방 내 말을 알아들었다.

"걱정 마. 할아버지는 외국에서도 이름난 요리사야. 엄마보다도 훨씬 더 솜씨가 뛰어나시단다. 몸도 아주 정정하셔서 널 돌봐 주시는 데 아무 문제없을 거야. 또 너도 곧 5학년이니까 웬만한 네 일은 알아서 할 수 있지 않겠어?"

놀랄 일이었다. 엄마가 갑자기 나를 다 큰 아이 대접을 하다니. 늘 나를 어린애처럼 취급해서 온갖 잔소리를 해 대던 엄마가 말이다. 그것보다 더 놀라운 일은 할아버지가 요리사라는 말이었다. 요리사 할아버지라고? 상상도 해 본 적이 없었다.

주말에 집에 온 아빠는 외할아버지가 와서 나를 돌봐 주기로 했다는 말을 듣고는 어린애처럼 낄낄거리면서 웃음을 참지 못했다. 아빠는 내 어깨를 툭툭 치면서 이렇게 말했다.

"아주 잘되었구나. 외할아버지와 보내는 겨울 방학이라······. 좀처럼 잊지 못할 방학이 될 거야."

아빠는 짐짓 진지한 말투로 얘기했지만, 왠지 수상한 일이 벌어질 것만 같았다.

 마침내 엄마가 캐나다로 떠나고 할아버지가 오시는 그날이 다가왔다. 그날은 아침부터 정신이 하나도 없었다. 엄마는 큰 가방을 들고 이 방 저 방 돌아다니면서 짐들을 쑤셔 넣느라 부산을 떨었다. 어찌나 정신이 없던지 하마터면 나까지 짐 가방 안에 들어갈 뻔했다.

"엄마, 할아버지는 언제 오셔?"

"그러게 말이다. 오실 시간이 지났는데……. 어머나, 이러다 비행기 놓치겠어! 아무래도 엄마 먼저 나가야 할 것 같다."

 엄마는 시계를 보더니 화들짝 놀라서는 짐 가방을 방에서 끌고 나왔다. 가방 틈바구니로 옷가지가 비죽비죽 튀어나와 있었다.

"은하야, 외할아버지 오시면 잘 지내야 한다. 음……, 할아버지가 조금 독특한 분이시긴 하다만 뭐, 너도 만만치 않으니까 잘 지낼 수 있을 거야. 그럼 엄마 간다. 도착하면 곧바로 전화할게."

"알았어. 엄마, 잘 갔다 와."

엄마는 마지막 남은 내 정신까지 쏙 빼 놓고는 짐 가방을 들고 사라졌다. 나는 빈집에 혼자 남아 후유, 하고 긴 한숨을 내쉬었다. 우리 엄마같이 덜렁대고 정신없는 사람이 또 있을까?

엄마가 열어 놓은 서랍을 하나씩 닫고, 엄마가 늘어 놓은 물건들을 대충 정리하고, 엄마가 버려 놓은 쓰레기들을 쓰레기통에 넣고 있는데, '딩동' 하고 초인종이 울렸다.

"누구세요?"

"잇츠 미! 네 아빠다! 하하하!"

절대 우리 아빠일 리 없는 목소리가 이렇게 대답했다. 나는 할아버지가 내 목소리를 엄마 목소리로 착각했나 보다고 짐작하며 문을 열었다.

"할아버지?"

"어? 아하! 네가 바로 은하로구나? 목소리가 네 엄마랑 똑같네? 얼굴은 네가 더 예쁘지만 말이다. 아하하!"

할아버지는 요란한 소리로 웃으며 다짜고짜 내 겨드랑이에 손을 넣어 나를 번쩍 들어올렸다. 노인의 힘이라고는 믿을 수 없는 괴력이었다. 거기까지는 어떻게 해서든 참아 보려고 했는데, 할아버지가 수염투성이 얼굴을 내 뺨에 비비며 뽀뽀를 하려 하자 더는 참을 수가 없었다.

"으악! 난 곧 열두 살이라고요!"

나는 간신히 할아버지 손아귀에서 빠져나왔다. 할아버지는 또 한 번 그 요란한 웃음을 터뜨리시더니 문 앞에 내려놓았던 가방을 들고 집 안으로 들어섰다.

"으하하! 그렇구나. 너도 벌써 작은 숙녀로구나. 아임 쏘리. 그런데 네 엄마는 왜 안 보이지?"

"엄마는 벌써 떠났다고요. 할아버지가 늦게 오셨잖아요."

"그래? 어이쿠, 공항에서 만날 걸 그랬구나. 내가 탄 비행기가 도착을 늦게 했지 뭐냐."

나는 그제야 정신을 차리고 할아버지를 찬찬히 훑어보았다. 할아버지는 긴 은발을 하나로 묶은 꽁지머리를 하고 있었다. 옷차림은 글쎄……, 뭐라고 해야 할까. 아프리카 민속 느낌 무늬가 있는 기다란 외투는 낡아 빠졌고, 바지는 연세에 어울리지 않게도 구멍 난 청바지였다. 아무튼 한국에서는 보기 드문 할아버지의 옷차림이었다. 솔직히 말하자면 이름난 요리사로 보이지도 않았다. 그 모습을 보니 내 마음이 할아버지의 외투 무늬만큼 복잡해졌다. 어쩐지 아주 특별한 방학이 될 거라던 아빠의 말이 갑자기 이해가 됐다.

"어디 보자. 금강산도 식후경이라고 했으니까, 먼저 밥부터 먹어 볼까?"

할아버지는 낡은 외투를 벗어 던지더니 대뜸 부엌으로 걸어갔다. 그리고 마치 이 집에서 몇 해는 살아온 사람처럼 거리낌 없이 냉장고

문을 활짝 열어젖혔다.

"쯧쯧……. 내 이럴 줄 알았지, 이럴 줄 알았어."

할아버지는 냉장고 여기저기를 뒤져보며 혀를 끌끌 찼다. 나는 할아버지 어깨 너머로 냉장고 안을 들여다보았다. 냉장고 안에는 말라비틀어진 당근 조각, 싹이 난 감자, 잘라 먹고 남은 소시지 덩어리가 굴러다녔다. 김치 국물이 흘러 벌겋게 된 자국도 보였다.

"음, 엄마가 냉장고 관리를 좀 못하긴 하시죠. 그래도 요리는 잘하시는 편이에요."

나도 모르게 애써 엄마 편을 들었다. 그러고는 말라비틀어진 당근 조각과 싹이 난 감자를 집어 음식물 쓰레기통에 던져 넣었다.

"그래. 냉장고 안을 보니까 은하 네가 왜 그렇게 비쩍 말랐는지 알겠구나."

할아버지는 팔을 걷어붙이고 행주를 집어 들며 말했다.

"비쩍 마르다니요? 이건 마른 게 아니고 날씬한 거예요. 이 몸매를 지키는 게 얼마나 힘든 줄 아세요?"

나는 눈을 동그랗게 뜨고 대꾸했다. 사실 난 그리 마른 편이 아니다. 조금만 먹어도 쉽게 통통해지는 체질이라 밥상을 마주할 때마다

'다이어트'라는 네 글자를 늘 가슴에 새긴다.

"걱정 마라, 은하야. 이 할아버지가 너의 잃어버린 식욕을 되돌려 주마. 조금만 앉아서 기다려라. 금방 점심 만들어 줄게."

할아버지는 들고 온 가방을 활짝 열었다. 가방 안에서 여러 가지 음식 재료들이 나왔다. 채소와 고기는 물론이고 갖가지 병에 든 소스들이 줄줄이 나왔다.

'집에 오시자마자 곧바로 요리를? 흠. 할아버지가 날 돌보려고 너무 애쓰시는 거 아냐?'

난 속으로 이렇게 생각했다. 그렇지만 아무 말도 안 하고 거실로 나와 소파에 앉았다. 어쨌든 할아버지는 요리사라고 했으니까 적어도 요리가 어려운 일은 아니겠지, 하는 생각이었다. 나는 리모컨을 집어 들고 텔레비전을 켰다.

삼십 분쯤 지났을까? 고소하고 달짝지근한 냄새가 부엌에서 흘러나왔다. 아침도 못 먹은 내 배에서 꼬르륵 소리가 요동쳤다. 할아버지가 어떤 요리를 하고 있는지 궁금했다. 우리나라 음식은 아닌 것 같았다. 아주 맛있는 냄새였지만 익숙한 냄새는 아니었다. 아무튼 고기 요리인 것만은 틀림없었다. 나는 더 참지 못하고 슬그머니 부엌으로 들어갔다.

"우리 은하가 배가 많이 고팠던 모양이지? 거기 앉아라. 이제 거의 다 됐다."

할아버지는 조리대 앞에서 바삐 손을 움직이며 뒤도 안 돌아보고 말했다.

"근데 무슨 요리예요?"

나는 수저를 챙기며 물었다.

"쿠스쿠스! 모로코 요리란다."

할아버지가 주걱을 손에 든 채 뒤를 돌아보며 말했디.

"모로코 요리요? 모로코가 어디 있는 나라죠?"

"북아프리카에 있지. 내가 요 몇 해 동안 북아프리카를 돌아다니다 왔거든. 아주 매력이 넘치는 곳이지. 우리나라에서는 좀처럼 아랍 음식을 못 먹어 봤을 것 같아서 오늘 첫 요리로 아랍 음식을 골랐단다."

할아버지는 가스레인지 위에 놓여 있던 냄비를 식탁으로 옮겼다. 냄비도 우리나라 냄비와는 좀 다르게 생겼다. 동그란 모양인데 뚜껑이 냄비보다 더 컸다. 호리병 같기도 하고 굴뚝 같기도 한 뚜껑이 재미나게 생겼다.

"아랍 요리요? 그런 건 처음이에요. 들어 본 적도 없는걸요."

마침내 냄비 뚜껑이 열릴 참이었다. 나는 눈을 반짝반짝 빛내며 바라보았다. 할아버지는 알 듯 모를 듯한 웃음을 흘리며 냄비 뚜껑을 집어 들었다.

김이 모락모락 났다. 냄비 안에는 노란 쌀가루 같은 게 깔려 있고, 그 사이사이로 뭉텅뭉텅 썰어 넣은 감자와 당근 같은 채소와 토막 낸 닭고기가 보였다. 그리고 그 냄새! 고소하고 달짝지근한 냄새가 풍겨 나왔다.

"신기하다! 음식이 샛노랗네요? 찜닭이랑 좀 비슷해 보이는데요?"

"구경만 하지 말고 어서 먹어 보렴."

할아버지 말이 맞았다. 금강산도 식후경이라고 했는데, 먹을거리를 앞에 놓고 구경할 일은 아니었다. 나는 얼른 포크를 집어 들었다.

"우아, 맛있다! 닭고기는 부드럽고, 채소도 아주 고소해요."

쿠스쿠스는 입에 착착 달라붙었다. 양념이 독특하면서도 입에 맞았다. 노란 쌀가루 같은 것은 폭신폭신해서 닭고기를 더욱 먹기 좋게 해 주었다. 다른 때는 잘 먹지도 않던 당근조차도 맛있었다. 따뜻하게 속을 데워 주는 요리였다.

"이래 보여도 이 할아버지가 이름 좀 날리는 요리사란다. 온 세계를 돌아다니면서 안 배운 요리가 없지. 어떠냐? 네 엄마보다 낫지?"

할아버지는 흐뭇한 웃음을 지었다.

"물론이죠. 엄마보다 훨씬 나아요."

나는 쉬지 않고 닭고기를 입에 넣으며 대답했다.

"은하, 네가 그렇게 잘 먹는 걸 보니 정말 기분이 좋구나. 그럼, 그럼. 세상에 잘 먹는 것보다 중요한 일은 없단다. 밥 먹고 있는 사람은 황제보다 더 높다는 말도 있지."

잘 먹는 게 세상에서 가장 중요한 일이라면 나도 황제가 될 자격이 있다. 나는 너무 잘 먹어서 문제다. 아무튼 잘 먹는 건 공부를 잘하는 것보다는 훨씬 더 쉽다. 우리 엄마와 아빠도 할아버지랑 생각이 같다면 참 좋을 텐데.

"자, 이제 후식을 먹을 차례로구나. 세상에서 가장 맛있는 과자, 할바를 먹어 보렴."

할아버지는 자부심 가득한 얼굴로 접시를 내밀었다. 접시에는 연한

밤빛 엿처럼 생긴 덩어리들이 여러 개 놓여 있었다.

"할바요? 이것도 아랍에서 온 거예요?"

"그렇단다. 음, 할바를 앞에 놓고 말을 하는 사람은 없단다. 어서 먹어 보렴."

할아버지가 살짝 얼굴을 찌푸리며 말했다. 나는 할아버지 말대로 얼른 과자를 집어 입에 넣었다.

할바가 혀에 닿자마자 입안에 천국이 펼쳐졌다. 아아, 정말 맛있다. 무지무지 맛있다! 그냥 맛있다, 꿀맛이다 하기에는 미안할 만큼 고소하고 달달하고 은은하면서, 어쩐지 처음 먹어 보는 건데도 그리운 맛이었다. 혀에 착착 감기는 신비로운 향신료 맛이 입안을 감돌았다. 살짝 씹어 보니 과자와 공기 거품이 한데 어우러져 사각거리다가 어느새 슬며시 녹아 버렸다. 나는 얼른 할바를 하나 더 집어서 입에 넣었다. 할아버지가 옳았다. 할바를 앞에 놓고 말을 할 여유는 없었다. 접시가 바닥이 날 때까지 먹고 또 먹었다. 할 수만 있다면 방학 내내 할바만 먹고 싶은 기분이었다.

"어떠냐? 맛있지?"

"끝내줘요!"

나는 간신히 대답했다. 입 안에 남아 감도는 할바의 맛을 혀로 핥느라 대답도 길게 하기 싫었다.

"아아, 참 행복하구나! 내 손녀딸한테 맛있는 걸 만들어 먹이는 이기쁨이란! 세상에 음식보다 더 사람을 가깝게 해 주는 건 없지."

할아버지는 빈 접시를 치우며 말했다. 진짜로 행복한 얼굴이었다. 하지만 내 얼굴만큼은 아니었을 거다. 난 행복한 꿈을 꾸듯 만족한 얼굴로 배를 두드리고 있었다. 엄마 없는 겨울 방학을 어떻게 보내나 걱정했는데, 할아버지 요리를 먹어 본 순간 그런 걱정은 눈 녹듯이 사라졌다. 이렇게 맛있는 음식을 먹을 수만 있다면 낯선 할아버지와 겨울 방학을 보내는 일쯤은 문제없었다. 아니, 할아버지 그리고 할바와 함께하는 겨울 방학을 위해서라면 나는 무슨 일이든 다 할 수 있을 것 같았다.

아랍의 음식 문화

아랍 사람들은 거의 다 이슬람교를 믿어요. 그런 아랍 사람들한테 먹고 마시는 일은 그저 배를 채우는 것만이 아니라 신을 경배하는 일이어야 합니다. 그래서 아랍 사람들은 경전(코란)에서 먹지 말라고 하는 음식은 절대 안 먹어요. 깨끗하고 신이 허락한 음식만을 먹지요.

또한 아랍 사람들은 식구들을 매우 중요하게 여기고 나이가 많은 어른을 존중해요. 집에 온 손님을 잘 대접하는 것도 아주 중요하게 생각하지요.

아침은 빵과 치즈, 올리브와 무화과 따위로 간단하게 먹지만 점심이나 손님과 함께하는 식사일 때는 먹는 시간이 무척 길어요. 때에 따라서는 자그마치 대여섯 시간이 걸리기도 한답니다. 먹고 마시며 이야기하고, 그러다 또 배가 고프면 다시 먹고 하지요.

아랍 음식에는 설탕이나 인공 조미료가 안 들어가요. 그 대신 향신료를 많이 써요. 주로 많이 쓰는 향신료는 걸쭉하게 발효한 요구르트, 샤프란, 후추, 커민 같은 것들이에요. 음식은 기름기가 많으면서도 부드러운 편이지요. 음식을 다 먹고 난 뒤에는 소화가 잘 되게 차를 많이 마시고, 후식으로 아주 단 과자를 먹습니다.

북아프리카 아랍인들의 대표 음식, 쿠스쿠스

쿠스쿠스는 귀리나 보리, 옥수수나 밀 같은 곡식을 가루로 만들어 밥처럼 찌는 요리예요. 쪄 낸 쿠스쿠스에는 보통 고기나 생선, 채소로 만든 국물을 끼얹어 먹어요.

원래 쿠스쿠스는 금요일 점심이나 특별한 행사 때만 만들어 먹었다고 해요. 요즘은 보통 때도 흔히 만들어서 먹지요. 모로코에서는 일곱 가지 채소를 곁들인 쿠스쿠스가 행운을 불러온다고 알려져 있어요. 양파, 호박, 주키니(서양 호박), 순무, 고추, 당근, 토마토를 넣은 쿠스쿠스예요.

군대에는 맞서도 음식에는 못 맞선다

세계 역사를 바꾼 음식

"꺅!"

나는 소리를 지르며 나동그라졌다. 엉덩방아를 찧는 바람에 엉덩이 뼈가 몹시 아팠지만 지금 그런 게 문제가 아니었다. 내 발치에는 무시무시한 물건, 바로 체중계가 놓여 있었다.

"마, 말도 안 돼! 몸무게가 2킬로그램이나 늘었잖아!"

나는 고개를 마구 흔들었다. 그렇게 하면 몸무게가 다시 줄어들기라도 하는 것처럼.

"은하야, 무슨 일이냐?"

방문이 벌컥 열리고 할아버지가 뛰어 들어왔다.

"아무것도 아니에요. 그냥 넘어졌어요."

나는 대충 얼버무리려고 했다. 할아버지한테 일급비밀인 몸무게를 들킬 수는 없는 노릇이었다. 그런데 일은 엉뚱한 곳으로 흘러갔다.

"많이 다쳤냐?"

할아버지가 나를 붙잡아 일으키며 물었다.

"괜찮아요. 그냥 엉덩방아를 좀……."

"후유, 큰일 날 뻔했구나. 은하, 네가 너무 말라서 힘이 없어서 그래. 내가 맛있는 것을 좀 더 많이 해 먹여야겠구나."

할아버지는 바로 부엌으로 달려가 앞치마를 찾았다.

"제가 말랐다고요? 말도 안 돼요! 며칠 사이에 몸무게가 2킬로그램이나 늘었다고요. 저 오늘은 밥 안 먹을 거예요. 이제부터 다이어트를 해야겠어요."

나는 돌아서는 할아버지 등에 대고 소리쳤다.

"뭐? 밥을 안 먹어?"

할아버지는 깜짝 놀란 얼굴로 나를 돌아보았다.

"하루에 한 끼만 먹을 거예요."

"그게 대체 무슨 소리냐? 네가 어디가 어때서 다이어트를 해?"

"할아버지께서 오신 뒤로 몸무게가 2킬로그램이나 늘었다니까요!"

내 입으로 그렇게 말하고서야 나는 드디어 깨달았다. 내 몸매의 적은 다름 아닌 할아버지라는 사실을! 할아버지가 오신 지 겨우 한 주일밖에 안 지났는데, 그 사이 벌써 나는 뚱뚱해지고 있었다. 훗날 가수가 될 몸인데 뚱뚱보라니! 말도 안 되는 일이었다. 무슨 일이 있어도 다이어트를 해야만 했다.

"밥을 안 먹다니, 그런 건 꿈도 꾸지 마라. 수많은 나라에서 알아주는 요리사인 이 할아버지가 해 주는 음식을 네가 감히 안 먹겠다고? 흥! 군대에는 맞서도 음식에는 못 맞선다고 했다. 어디 두고 보자꾸나. 네가 정말 밥을 안 먹을 수 있는지!"

할아버지는 매서운 눈으로 나를 노려보며 이렇게 말했다. 정말 무서웠다. 엉뚱하고 괴짜 같은 할아버지한테서 저런 무서운 얼굴이 나올 줄은 몰랐다. 할아버지는 전혀 다른 사람이 된 것 같았다. 하지만 그렇다고 쉽사리 물러설 내가 아니었다. 나는 지금 앞날의 꿈을 위해 싸우는 것이다. 나는 할아버지를 똑바로 마주 보았다.

"그래요. 두고 보세요. 전 안 먹는다니까요."

할아버지와 나는 서로 두 눈을 부릅떴다. 바야흐로 전쟁이 시작되었다!

알고 보니 진짜로 무서운 건 할아버지가 아니었다. 그건 바로 음식 냄새였다. 전쟁이 벌어진 지 채 한 시간도 안 돼서 나는 벌써 보이지 않는 고문을 당하고 있었다. 할아버지는 좀처럼 부엌에서 나오실 줄을 몰랐다. 부엌을 전투 기지로 삼아 음식을 무

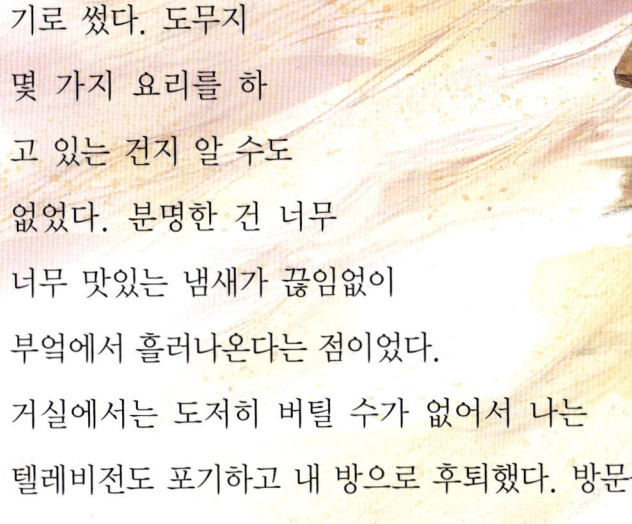

기로 썼다. 도무지 몇 가지 요리를 하고 있는 건지 알 수도 없었다. 분명한 건 너무 너무 맛있는 냄새가 끊임없이 부엌에서 흘러나온다는 점이었다.

거실에서는 도저히 버틸 수가 없어서 나는 텔레비전도 포기하고 내 방으로 후퇴했다. 방문을 꼭 걸어 잠그고 창문도 꼭꼭 닫았다. 하지만 게릴라 같은 음식 냄새는 마치 벽을 뚫기라도 하는 것처럼 쉬지 않고 밀려들어 왔다.

"아아, 미치겠다. 대체 뭔데 이렇게 맛있는 냄새가 나지?"

나는 배를 움켜쥐고 침대에서 굴렀다. 배에서는 잇따라 꼬르륵 소리가 났다.

"먹고 싶다. 먹고 싶다. 딱 한 입만이라도 먹고 싶다!"

이건 나의 솔직한 마음이었다.

"안 돼! 다이어트를 안 하면 난 뚱뚱보가 되고 말 거야!"

이건 내 이성이 말하는 목소리였다.

"고통이 없으면 얻는 것도 없다고 했어. 날씬한 미인이 되려면 이쯤 고통은 참아야 해. 은하, 넌 가수가 될 거잖아."

나는 간신히 나를 달랬다. 이불을 뒤집어쓰고 귀에는 엠피스리 이어폰을 꼈다. 음악을 들으면 좀 나을까 했는데 꼭 그렇지도 않았다. 소리와 냄새는 아무 상관이 없는 모양이었다.

또다시 맛있는 냄새가 코를 비집고 들어왔다. 그런데 이건? 으악, 할바 냄새였다! 할아버지는 지금 할바를 만들고 계시는 모양이다. 도저히 참을 수가 없었다. 거짓말이 아니다. 그 누구도 이 냄새를 그냥 참아 낼 수는 없다. 할바는 세상에서 가장 맛있는 과자란 말이다.

나는 이불을 홱 밀쳐 내고 일어나 슬그머니 방문을 열었다.

"킁킁……. 아, 틀림없어. 이건 할바 냄새야."

엄청난 고문을 당하는 내 얼굴은 고통으로 마구 일그러졌다.

그때 부엌에서 할아버지 목소리가 들려왔다.

"응, 어미냐? 그럼, 우린 아주 잘 지내고 있지."

엄마와 전화를 하시는 듯했다. 나는 귀를 쫑긋 세웠다. 혹시 내가 반항하고 있다고 엄마한테 이르시는 건 아닌지 마음이 두근거렸다.

"말도 마라. 내가 해 주는 음식을 은하가 얼마나 좋아하는데! 날마다 그릇을 싹싹 비우고 있단다. 걱정 마라."

다행이었다. 할아버지는 이 전쟁을 우리끼리 비밀로 묻어 둘 만큼의 양심은 있는 분이었다.

"은하를 바꿔 달라고? 지금 낮잠 자는 것 같은데? 나중에 다시 전화해 보렴. 겨울방학인데 게으름 좀 피우면 어때서 그러냐? 놔 둬라.

이만 끊어야겠다. 내가 지금 뭘 만들고 있거든."

나는 얼른 방문을 다시 닫았다. 방문을 등에 대고 서서 나는 숨을 골랐다. 배 속에서는 진짜 전쟁이 일어나고 있었다. 꼬르륵 소리는 물론이고, 창자가 꼬이는 것 같은 고통이 이어졌다.

"아, 배고파……."

나는 한숨을 푹 내쉬었다.

이번엔 피자 냄새였다. 그것도 보통 피자가 아니다. 할아버지가 손수 만든 피자다. 난 엊그제 벌써 할아버지가 만든 피자를 먹어 보았다. 이탈리아에서 일곱 해를 살았다는 할아버지의 피자 만드는 솜씨는 피자 가게에서 배달시켜 먹는 피자하고는 차원이 달랐다. 도톰한 빵 위에 몇 가지 안 되는 재료를 올려 구운 간단해 보이는 피자였는데, 막상 입에 넣으면 짭짤하니 감칠맛이 나면서 매콤하면서도 신선하고 풍성한 맛이 났다. 아아, 생각만 해도 침이 꿀꺽꿀꺽 넘어간다. 나는 다시 배를 움켜쥐고 침대 위에서 데굴데굴 굴렀다.

"정말 안 먹을 테냐? 시칠리안 피자인데?"

방문 밖에서 할아버지 목소리가 들렸다.

"먼저 짭짤한 피자를 먹고 나서 후식으로 달콤한 할바를 먹으면 황제도 부럽지 않을걸?"

아아, 도저히 못 참겠다. 항복이다. 다이어트는 피자와 할바를 먹고 나서 다시 하기로 해야겠다. 아무튼 지금은 안 되겠다. 조금이라도 먹고 봐야겠다. 나는 방문을 열었다.

"뭐, 한 끼도 안 먹겠다고 한 건 아니니까요. 조금만 먹을게요."

나는 우물우물 말했다. 발걸음은 어느새 부엌으로 가고 있었다.

"흐흐. 그러게 내가 뭐라고 했냐? 군대에는 맞서도 음식에는 못 맞선다고 했지?"

할아버지는 호탕하게 웃으며 식탁을 차렸다. 오늘따라 할아버지 손놀림이 더욱 우아해 보였다. 승리한 사람의 여유라고나 할까?

김이 모락모락 나는 피자가 식탁에 올라오자마자 난 허겁지겁 먹어댔다. 피자는 기가 막히게 맛있었고, 게다가 난 몹시 배가 고팠다. 어느새 피자 한 판이 게 눈 감추듯 내 앞에서 사라지고 말았다. 어째서 참았다가 먹으면 더 많이 먹고야 마는 걸까? 배는 그득하니 불러오고 조급하던 마음은 가라앉았지만, 그 대신 내 마음속에는 나 자신을 실망스러워하는 생각이 조금씩 차오르고 있었다.

"끝내 먹고야 말았어."

나는 혼잣말을 중얼거렸다.

"먹는 게 어때서 그러냐? 사람은 누구나 먹어야 산다. 목구멍이 포도청인 게야. 대체 먹는 데 무슨 죄가 있다고 그러는 거냐?"

할아버지는 고소한 냄새를 풍기는 할바 접시를 내 눈앞에 내려놓으며 말했다.

"하지만 뚱뚱한 건 죄라고요!"

"뭐야? 뚱뚱한 게 죄라고? 그 무슨 얼토당토않은 소리냐?"

"난 가수가 될 거란 말이에요. 할아버지, 뚱뚱한 가수 본 적 있어요? 요즘 세상에 뚱뚱한 사람은 아무것도 할 수 없어요."

"말도 안 되는 소리 좀 집어치워라. 세상에는 뚱뚱한 가수도 얼마든지 있다."

할아버지는 콧김을 훅 뿜어내며 말했다.

"아무튼 할바까지는 안 되겠어요. 안 먹을래요. 피자 한 판을 다 먹어 치운 것만으로도 벌써 제 자신이 아주 실망스럽거든요."

"안 돼! 시칠리안 피자처럼 맵고 짠 음식을 먹고 나서 달콤한 할바를 먹으면 정말이지 찰떡궁합이란 말이다.

이건 먹어 봐야만 알 수 있어. 다른 때 먹은 할바 맛과는 또 다를 거다. 할아버지 말을 믿으렴. 한번 먹어 봐!"

어째서인지 할아버지는 아주 절박해 보였다. 하지만 그렇다고 내가 물러설 수는 없었다.

"저도 할바가 진짜로 맛있다는 건 누구보다 잘 안다고요. 하지만 할바는 설탕 덩어리잖아요! 설탕은 다이어트의 적이에요!"

나는 애써 할바 접시에서 눈을 돌렸다. 가슴이 쓰렸다.

"뭐? 설탕? 설탕 때문에 안 먹겠다고? 흠, 설탕이 문제였군. 설탕이란 녀석, 참 고단한 팔자도 타고났지. 지구 반 바퀴를 돌아 여기까지 와서도 우리 손녀딸한테 구박을 받는군."

할아버지는 마치 설탕이 잘 아는 사람이라도 되는 것처럼 말했다.

나는 옷을 툭툭 털면서 의자에서 일어섰다. 이제 이 달콤한 냄새와 맛을 뿌리치고 방으로 돌아갈 시간이었다. 얼른 가서 노래 연습이라도 하면서 칼로리를 날려야겠다.

"곱디고운 설탕이 무슨 죄가 있다고……. 죄라면 설탕을 너무 탐내거나 물리치는 사람들한테 있지."

할아버지는 고개를 숙이고 혼잣말을 중얼거렸다.

막 부엌을 나서려 할 때였다. 할아버지가 불쑥 내 팔뚝을 붙잡았다. 놀라운 힘이었다. 할아버지의 두 눈이 뭔가 재미있는 일이라도 생긴 것처럼 반짝거렸다.

"그런데 은하 너, 설탕이 세계 역사를 한바탕 뒤흔든 녀석이란 건 알고 있냐?"

"네? 설탕이 뭘 어쨌다고요?"

나는 화들짝 놀라 되물었다.

"옛날 사람들이 설탕 때문에 벌인 엄청난 일들을 알고 있냐고!"

"할아버지, 팔 아파요!"

"저기 소파에 가서 좀 앉자. 내가 이야기를 해 주마."

할아버지는 할바 접시를 식탁 위에 내버려 두고 나를 거실로 이끌었다.

"설탕이 있는 곳에 노예가 있다!"

할아버지는 대뜸 이렇게 말했다. 오후 햇살이 거실 창으로 쏟아져 들어오고 있었다. 빛을 등진 할아버지의 얼굴이 컴컴해 보였다.

"노예요?"

"옛날에 유럽 사람들이 흑인을 잡아다 노예로 삼았다는 건 너도 알고 있지?"

"네, 알아요. 영화에서 봤어요."

"그 모든 게 바로 설탕 때문이었단다."

"네? 설탕하고 노예가 무슨 상관이에요?"

내가 눈을 둥그렇게 뜨고 묻자, 할아버지는 연극배우처럼 과장된 몸짓으로 일어서더니 거실을 왔다 갔다 하며 긴 이야기를 시작했다.

"요즘에야 흔해 빠진 게 설탕이고 너처럼 살찔까 봐 설탕을 안 먹겠다는 사람도 많지만, 옛날에 설탕은 아주 귀한 음식이었단다. 값진 향신료이자 약의 재료로 쓰였지. 사람들은 금세 설탕의 단맛에 푹 빠졌지만 워낙 구하기가 힘들어서 오직 귀족들만 먹을 수 있었단다. 아아, 그 단맛! 사람들은 어떻게 하면 설탕을 마음껏 먹을 수 있을까 궁리를 했지. 궁리 끝에 설탕의 원재료인 사탕수수가 카리브해에 있는 섬들에서 잘 자란다는 걸 알게 됐어. 음, 좋아! 이제 사탕수수를 잔뜩 키우면 되겠지. 그럼 설탕을 얼마든지 뽑아낼 수 있을 테니까. 그런데 문제는 누가 키우느냐 하는 거였어. 그맘때 카리브해 섬에는 그리 많은 사람들이 살고 있지 않았거든. 카리브해의 섬들은 해적들의 은신처였단다."

"아, 알아요! 캐러비안의 해적!"
나는 손뼉을 딱 치며 말했다.

"그래. 해적들이 버글버글한 섬에서 누가 사탕수수를 키우려 하겠냐? 그러자 설탕이 너무나도 먹고 싶던 유럽 사람들은 아프리카에서 노예를 사들여 카리브 해 섬으로 데려왔어. 흑인들은 아프리카에서 아메리카까지 먼 길을 노예로 팔려 와서는 사탕수수 밭에서 쉼 없이 일을 해야 했지. 자기들은 먹어 보지도 못할 설탕을 뽑아내려고 말이야."

"아, 진짜 나쁘다! 도대체 사람을 노예로 부릴 생각은 어디서 나왔대요?"

어쩐지 불끈 화가 나서 나는 두 주먹을 꽉 쥐었다.

"바로 욕망 때문이지. 설탕을 먹고 싶은 욕망, 돈을 벌고 싶은 욕망. 음식은 사람의 욕망을 잘 드러내 준단다. 세상에 식욕만큼 간절한 건 없으니까 말이다."

"음, 그 말은 무슨 뜻인지 알 것 같아요. 전 겨우 몇 시간도 못 참고 말았으니까요."

"하하하! 네가 할아버지한테 반항을 하더니만 적어도 한 가지는 알게 되었구나."

할아버지는 요놈 참 쌤통이라는 얼굴로 나를 보았다.

"그래서 노예들 덕에 설탕이 흔해진 거예요?"

나는 얼른 이야기를 돌렸다.

"그랬지. 포르투갈, 에스파냐, 네덜란드, 영국, 프랑스……. 여러 나라들이 설탕을 재배하려고 노예를 부렸단다. 설탕의 양도 그만큼 늘어났지. 귀족들은 뽐내며 설탕을 넣은 음식들을 점점 더 많이 먹었어. 물론 노예들은 설탕 맛도 못 봤단다. 낯선 땅에서 고된 노동으로 숱하게 죽어 갔을 뿐이었지."

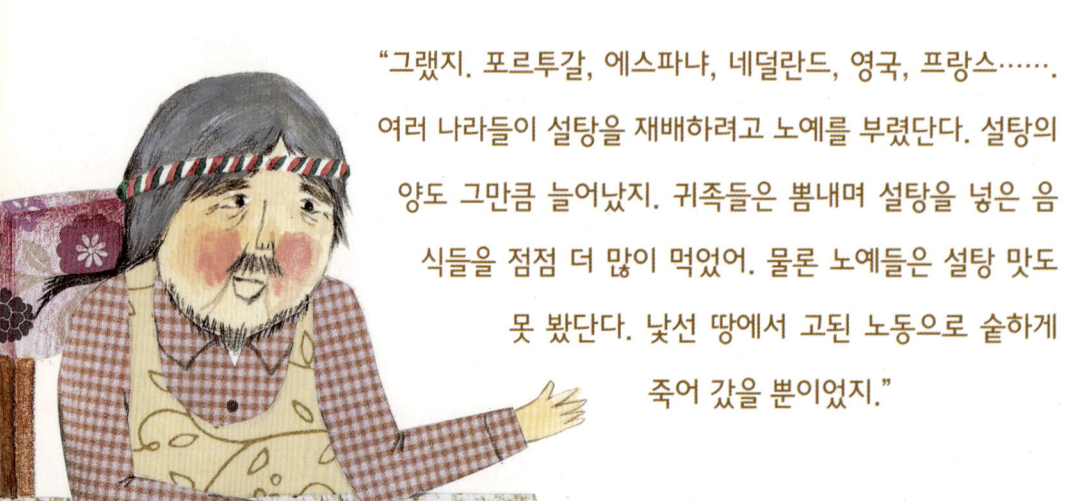

"그깟 설탕 때문에 아프리카 사람들이 죽어 갔다고요? 설탕 따위, 안 먹으면 되지!"

나도 모르게 흥분했다.

"유럽 사람들 가운데에도 너처럼 양심 있는 사람들이 있었단다. 그들은 사람들한테 설탕을 먹지 말자고 호소했어. '설탕은 노예들의 피로 만들어졌습니다! 노예들의 고통을 생각한다면 우리는 설탕을 끊어야 합니다!' 하지만 설탕 무역으로 돈을 버는 놈들은 콧방귀도 안 뀌었어. 사람들은 차츰 설탕 맛에 길들여져 갔고, 설탕을 찾는 사람들은 점점 더 늘어났거든."

할아버지는 잠시 이야기를 멈추고 부엌으로 걸어갔다. 거실로 돌아오는 할아버지의 손에 할바 접시와 찻잔이 들려 있었다.

"아니, 할아버지! 설탕 때문에 노예가 생겼다는 걸 아시면서도 지금 설탕이 듬뿍 든 할바를 드시겠다는 거예요?"

나는 소파에서 벌떡 일어섰다.

"설탕이 무슨 죄야. 설탕에 욕심을 낸 사람들이 문제지. 게다가 설탕은 노예 제도를 널리 퍼뜨렸지만, 또한 노예 제도를 무너뜨리는 데 큰 구실을 하기도 했단다."

할아버지가 할바 하나를 입에 쏙 집어넣었다. 나도 모르게 침이 꿀꺽 넘어갔다.

"설탕이 노예 제도를 무너뜨려요?"

"영국에서 산업혁명이 일어나면서 노동자들이 많이 생겨났어. 바쁜 노동자들은 아침에 주로 설탕을 넣은 홍차 한잔을 가볍게 마시고 일터로 나갔지. 그런데 설탕 값이 너무 비쌌던 거야. 그맘때 영국은 외국에서 들어오는 설탕에 비싼 세금을 매겼거든. 그래서 몇몇 의원들은 노동자들이 값

싼 아침을 먹게 하려면 설탕에 붙는 비싼 세금을 없애야 한다고 주장했어. 그러다 보니 식민지 노예들까지 해방되기에 이르렀지. 설탕 값을 내리려면 비싼 세금도 없애고 노예도 해방하라고 한 거야."

"어유, 무슨 얘기인지 어렵네요. 아무튼 설탕 값을 내리려고 노예도 해방시켰단 말이죠?"

"그렇단다. 설탕 때문에 생겨난 노예 제도가 설탕 때문에 없어지게 되었지. 그러니까 설탕은 아무 죄가 없단다."

할아버지는 할바를 또 하나 입에 넣었다. 그러고는 두 눈을 지그시 감고 아주 맛있다는 듯 웃음을 지었다.

"음, 설탕이 세계 역사를 뒤흔들었다는 게 무슨 말인지 이제 알겠어요. 하지만 난 그런 것 때문에 설탕을 안 먹겠다는 건 아니에요. 살찔까 봐 안 먹는 거죠."

나는 애써 할바 접시에서 고개를 돌리며 말했다.

"그래, 나도 안다. 넌 가수가 될 몸이라 이거지? 그런데 은하야, 할아버지가 비밀 하나 알려 줄까?"

"비밀이요?"

"응. 사실 이 할바에는 설탕이 한 알갱이도 들어 있지 않단다."

"거짓말 마세요! 그렇게 단데 설탕이 안 들었다고요? 제가 뭐 바보인 줄 아세요?"

"허허, 진짜라니까. 설탕이 아니라 꿀을 넣은 거야. 이 단맛은 꿀맛이란다."

할아버지가 낄낄거리며 말했다.

"앗! 정말이요?"

나는 얼른 할바를 집어 입에 넣었다. 아아, 얼마나 먹고 싶던 할바인가! 나는 내가 조금 전에 피자 한 판을 해치웠다는 걸 까맣게 잊고서 허겁지겁 할바를 집어 먹었다.

"여기 설탕이 안 들었단 말이죠? 정말 설탕은 없는 거죠?"

설탕만 없으면 되는 거 아냐? 하는 생각이었다. 꿀은 몸에 좋은 거니까 살이 찌진 않겠지. 나는 그렇게 믿고 안심하며 달고 맛있는 할바를 마음껏 먹었다.

"진짜진짜 맛있다!"

"어때? 다른 때보다 더 맛있지? 원래 짠 음식을 먹고 나면 단 게 더 먹고 싶은 법이야. 그게 바로 오묘한 맛의 조화지."

끝내 전쟁에서 이긴 건 할아버지였다. 할아버지는 뿌듯한 얼굴로 빈 할바 접시를 보았다. 살짝 벌린 입에서는 낄낄거리는 웃음소리가 새어 나왔다. 나는 내 배를 내려다보았다. 으악! 불룩한 배가 남산만 했다. 내 머릿속에는 경보음이 울렸다. 그래도 입안에는 행복하게 달콤한 맛이 남아 있었다.

세계 역사를 바꾼 감자

아삭아삭한 포테이토칩, 한입에 쏙쏙 먹기 좋은 감자 튀김, 찐 감자, 으깬 감자. 감자는 세계 사람들 누구나 즐겨 먹는 음식이에요. 독일, 아일랜드, 러시아 같은 서양 사람들한테는 고기와 함께 주식이기도 합니다.

원래 감자는 남미 안데스 산맥에서 나는 뿌리채소였어요. 1500년대, 유럽 사람들은 처음으로 감자를 보고 울퉁불퉁하고 거무튀튀한 모양이 몹시 흉측하다고 생각했어요. 그래서 감자를 '악마의 음식'으로 여겼답니다. 아무도 감자를 먹으려고 하지 않았어요. 사실 감자는 재배하기도 쉽고 전분이 많은 좋은 음식인데 말이에요. 밀을 재배하기 힘든 러시아나 북부 유럽에서 감자는 아주 훌륭한 식량이 될 수 있었어요.

하는 수 없이 왕들이 나서서 감자를 먹으라고 부추기기 시작했어요. 감자를 재배하라고 명령을 내리고, 감자를 키워 놓고도 먹기를 꺼려하는 농민들 앞에서 왕이 몸소 먹어 보이기까지 했지요. 그래도 감자를 먹기 싫어한 농민들이 러시아에서는 폭동을 일으키기도 했답니다.

하지만 한번 감자를 먹기 시작하자, 감자가 악마의 음식이기는커녕 맛도 좋고 영양도 많다는 사실이 차츰 알려졌어요. 1700년대, 아일랜드에서는 감자를 주식으로 먹게 되었어요. 그냥 땅에서 캐서 쪄 먹기만 하면 되는 감자 덕분에 아일랜드 농민들은 힘든 노동에서 벗어났지요.

그러던 어느 날 '감자마름병'이라는 전염병이 돌았어요. 감자가 죄다 썩어 나갔지요. 아일랜드 사람들은 감자가 없어 굶어 죽을 지경에 이르렀어요. 전염병과 흉년이 이어지자 아일랜드 사람들은 수없이 굶어 죽고, 또 많은 사람들이 다른 나라로 이민을 갔어요. 1800년대가 끝날 무렵, 아일랜드 인구는 절반으로 줄었답니다. 그리고 새로운 나라 미국에는 아일랜드 이민자가 넘쳐났지요.

감자꽃

죽은 고기와 피와 돼지고기를 먹지 말라

금기 음식

식탁 위에는 먹음직스럽게 생긴 통닭이 다소곳이 누워 나를 기다리고 있었다. 오븐에 노릇노릇하게 구워 낸 통닭구이는 어쩌면 그렇게 냄새도 좋은지, 고소한 냄새가 절로 군침을 돌게 했다. 나는 손을 바들바들 떨며 서서 통닭을 바라만 보고 있었다.

"왜 그러고 서 있냐? 어서 앉아라. 먹자."

할아버지는 포크를 챙기며 어서 와서 앉으라고 손짓을 하셨다.

"로즈마리와 레몬후추를 뿌려서 오븐에 구워 낸 허브치킨이다. 싱싱한 샐러드와 함께 먹으면 영양도 그만이지."

할아버지가 칼로 통닭을 잘라 내 접시 위에 올려 주셨다. 살코기에서 김이 모락모락 피어올랐다. 그래도 나는 물끄러미 바라보기만 할 뿐, 포크를 들지 않았다.

"왜? 살찔까 봐 그러냐? 걱정 마라. 오븐에 구워서 기름기도 빠졌고, 닭고기는 단백질이 많아서 밥이나 면보다도 칼로리가 낮아."

뭐? 칼로리가 낮다고? 어느새 나는 식탁에 앉아 통닭 다리를 뜯고 있었다. 허브 가루를 뿌린 통닭은 향긋했고, 딱 알맞게 구워져 먹기 좋게 쫄깃쫄깃했다. 맛있는 고기를 씹는 느낌이란! 이 얼마나 뿌듯하고 즐거운 느낌인지.

"거 봐라. 맛있지?"

나는 말없이 고개를 끄덕였다. 입이 두 개라면 하나로는 말을 하고 하나로는 음식을 먹겠지만, 내 입은 하나밖에 없으니 지금은 먹는 게 더 중요했다.

"샐러드랑 같이 먹으려무나. 그래야 맛도 영양도 조화를 이루지."

하지만 나는 닭고기를 먹기에도 바빴다. 눈앞에 고기가 잔뜩 있는데 누가 채소를 먹겠는가? 내 접시가 빌 때마다 할아버지는 고기를 잘라 올려 주셨다. 정작 할아버지는 그다지 먹는 것 같지 않았다. 통닭이 거의 절반으로 줄어서야 내 배에서 신호가 왔다. 곧이어 내 머리에도 신호가 전해졌다.

'으악! 내가 통닭을 반이나 먹은 거야?'

나는 집어 던지듯이 포크를 내려놓고 벌떡 일어섰다.

"다 먹었나?"

"네. 잘 먹었어요."

나는 대답을 하는 둥 마는 둥 급히 내 방으로 갔다. 방에 들어서자마자 컴퓨터를 켜 인터넷을 뒤졌다.

"닭고기……, 통닭 반 마리……. 몸무게가 얼마나 늘었을까?"

나는 길게 한숨을 내쉬었다. 다행이었다. 할아버지 말대로 닭고기는 열량은 적고 단백질이 많아 두뇌에도 좋은 다이어트 음식이라고 했다.

"휴!"

나는 침대에 벌렁 드러누웠다. 배부른 느낌이 아주 기분 좋았다. 사람이란 얼마나 단순한지. 배가 고프면 신경질이 나고 아무것도 하기 싫어진다. 배가 부르면 마음이 느긋해지고 졸음이 온다. 음, 그러고 보니 배가 불러도 아무것도 하기 싫은 건 마찬가지네? 한껏 게을러지고 마는 것이다. 나는 누운 채로 고개를 살짝 들어 보았다. 배가 얼마나 나왔는지 확인해 보려 했다. 그런데…….

"앗! 내 발끝이 안 보여!"

난 깜짝 놀라서 벌떡 일어나 앉았다. 부른 배 때문에 발끝이 안 보이다니, 이건 틀림없는 비만의 징표였다. 게다가 일어나 앉아 보니 알겠다. 배가 어찌나 부른지 앉아 있는 자세조차 불편했다.

"안 되겠어. 비상사태야!"

나는 불끈 두 주먹을 쥐고 컴퓨터 앞에 다시 앉았다. 날마다 다이어트를 결심하지만 할아버지의 뛰어난 요리 솜씨에 굴복하기를 어언

보름째다. 이대로 가다간 뚱보가 될 게 틀림없었다. 나는 재빨리 검색창에 '다이어트'를 쳤다. 눈이 휘둥그레질 만큼 많은 다이어트 정보가 떴다.

"한방 다이어트, 스피드 폭탄 프로그램, 지방 분해제, 운동 요법……. 음, 알약 하나 먹으면 살이 쏙 빠지는 그런 긴 없나?"

한창 컴퓨터에 코를 박고 연구를 하고 있을 때였다.

"쯧쯧. 먹으려고 토하고, 토하려고 먹는 로마 사람들과 똑같구나."

등 뒤에서 할아버지의 목소리가 들렸다. 나는 홱 뒤돌아봤다.

"네?"

"아직도 지구에는 먹을 게 없어서 굶어 죽는 애들이 얼마나 많은 줄 아냐? 그런데 너는 맛있는 걸 해 줘도 고맙게 먹기는커녕 살찔 걱정이나 하고 있으니……. 그렇게 걱정하면서 먹으면 어디 음식 맛이나 제대로 알겠어?"

"그래도 통닭은 맛있었어요."

"맛있게 먹었으면 그만이지, 다이어트 약은 왜 찾아?"

"그거야 살찔까 봐……. 그런데 할아버지, 먹고 토하던 로마 사람들이라니 무슨 얘기예요?"

나는 슬쩍 말을 돌렸다.

"로마 귀족들 말이다. 파티를 열 때면 얼마나 흥청망청 먹어 댔는지, 맛있는 걸 더 많이 먹으려고 먼저 먹은 음식들을 토하고 그랬지."

"네? 더 먹으려고 먼저 먹은 음식을 토했다고요?"
괜히 헛구역질이 다 나오려고 했다.
"사람이 음식을 먹는 까닭은 다 피가 되고 살이 되라고 하는 건데, 맛있는 걸 더 먹겠다고 토해 내다니 얼마나 웃긴 일이냐?"

"정말 기가 막히네요. 그런데 제가 그 로마 사람들하고 똑같다고요?"

"그래! 너도 살이 되고 피가 되라고 먹은 음식을 헌신짝처럼 여기잖아! 그럴 거면 먹지를 말든가. 잔뜩 신나게 먹고 나서 다이어트 약이나 찾고 있어?"

할아버지가 큰소리로 야단을 치니까 울컥 억울한 마음이 들었다.

"안 먹으려고 해도 어디 할아버지가 가만 내버려 둬야 말이죠!"

나도 마주 대고 큰소리를 쳤다.

"좋다. 이제 잘 알았으니까 굶고 싶으면 얼마든지 굶어라. 나도 더는 안 말린다. 원, 음식이 아깝지. 남은 음식을 옆집 개한테 갖다 주는 한이 있어도 너보고 먹으라고 하지 않으마."

할아버지는 꽁지머리를 휘날리며 방을 나갔다.

나는 돌아앉아 애꿎은 컴퓨터만 노려봤다. 머리 꼭대기에서 김이 푹푹 나는 것 같았다. 얼굴이 확확 달아올랐다. 심장은 쿵덕쿵덕 방이 찢듯 크게 뛰었다. 한참을 멍하니 모니터만 바라보던 나는 천천히 마우스를 움직여 다이어트 연구를 이어갔다.

"뭐? 이름난 발레리나는 하루에 사과 한 개밖에 안 먹는다고? 진짜 배고프겠다. 아, 다이어트란 정말 쉽지 않구나."

나는 한숨을 푹 내쉬었다. 인터넷에서 알아낸 사실들은 나를 점점 절망으로 몰아갔다. 하루에 달걀 한 개와 샐러드 한 접시만 먹고 산다는 특급 모델이며 양배추 수프만 먹고 산다는 여배우의 이야기들은, 내가 너무 많이 먹으며 그래서 뚱뚱하다는 사실을 강조했다. 그렇지만 하루에 사과 하나씩만 먹으며 산다는 건 너무 슬픈 일일 것 같았다.

"세상에 맛있는 음식이 얼마나 많은데……."

아니나 다를까, 부엌에서는 또 맛있는 냄새가 솔솔 흘러나왔다. 할아버지가 저녁을 준비하시는 모양이었다. 나는 코를 킁킁거렸다. 구수한 된장찌개 냄새가 났다. 다른 때 같으면 된장찌개는 맛있는 음식 축에도 못 끼었겠지만, 다이어트를 하려고 아무것도 안 먹기로 한 지금은 된장찌개마저 나를 유혹했다.

"킁킁……. 이건 또 무슨 냄새지?"

된장찌개 냄새를 누르고 새로이 등장한 냄새는 틀림없이 돼지고기를 볶는 냄새였다. 빨갛게 고추장을 두르고 채소와 함께 설설 볶아 내는 두루치기 냄새였다.

"너무해! 할아버지는 정말 고문 기술자라니까!"

나는 눈물을 머금고 컴퓨터로 눈을 돌렸다.

"돼지고기는 지방이 많아서 다이어트의 적이라고? 안 되겠구나……."

먹지도 못할 맛있는 음식의 냄새만 맡고 있자니 절로 힘이 쭉 빠졌다. 나는 엉금엉금 기어가 침대에 벌렁 드러누웠다.

"돼지고기도 안 되고, 피자도 안 되고, 자장면도, 치킨도, 햄버거도 안 되고……. 대체 앞으로는 뭘 먹고 살아야 하지?"

나는 아무도 들어주지 않는 푸념을 했다. 아직 채 한 끼도 안 굶었는데 배는 왜 이렇게 고픈 건지. 벌써 허리가 쏙 들어간 기분이었다.

"채소는 괜찮다고 했지? 이제부터는 토끼처럼 풀만 먹고 살아야 할까 봐."

　머릿속에 여러 가지 풀로 가득한 식탁 풍경이 떠올랐다. 고기가 빠진 밥상이란 팥 없는 찐빵과도 같다. 사람이 어떻게 풀만 먹고 산단 말인가? 하지만 어쩔 수 없다. 가수가 되려면 이런 괴로움쯤은 참아 낼 수 있다. 나는 억지로 다짐을 했다.

　"세상엔 채식주의자들도 있는데 뭐. 나도 오늘부터는 채식주의자가 되는 거야. 굶어 죽을 수는 없으니까 채소라도 먹어야지."

　나는 툴툴 털고 일어섰다. 그리고 용감하게 방문을 열었다. 돼지고기 두루치기 냄새가 폭포수처럼 쏟아졌다. 군침을 삼키게 하는 그 냄새를 꾹 참아 내며 나는 식탁으로 다가갔다.

　"왜? 저녁 먹으려고? 다이어트 한다며?"

　밥상을 차리던 할아버지가 눈을 둥그렇게 뜨고 물었다. 손가락으로는 밥그릇과 수저를 한 사람 몫밖에 안 챙겨 놓은 것을 보란 듯이 가리키고 있었다.

　아, 저 태연한 얼굴! 승리한 사람의 여유! 할아버지가 너무 얄미웠다. 그렇다고 내가 기죽은 얼굴을 해서 할아버지의 승리를 더 돋보이게 할 필요는 없었다. 나는 아무렇지도 않다는 얼굴로 돼지고기가 담겨 있는 접시를 할아버지 쪽으로 밀어냈다.

　"아! 먹긴 먹을 건데, 돼지고기는 아니에요. 전 오늘부터 채식주의자가 될 거거든요. 채소만 먹을 거예요."

"그래? 잘됐구나. 둘이 먹기엔 돼지고기 볶음이 좀 모자라겠다 싶었거든. 그럼 넌 콩나물하고 상추 겉절이, 취나물하고 먹으렴. 된장찌개도 먹고 싶으면 먹고."

할아버지는 두루치기 접시를 끼고 앉아 맛있게 먹었다. 일부러 쩝쩝 소리도 더 크게 내면서. 나는 젓가락으로 상추 겉절이와 취나물을 끼적거리며 밥을 먹었다. 눈길이 자꾸만 돼지고기 쪽으로 가려는 것을 억지로 붙들어 맸다.

"그런데 갑자기 웬 채식주의자? 너 고기 좋아하잖아?"

"고기가 들어간 음식은 다이어트에 안 좋거든요. 아시잖아요."

난 퉁명스럽게 대꾸했다.

"난 또 네가 돼지고기를 안 먹겠다고 해서 유대교도나 이슬람교도가 된 줄 알았다."

할아버지는 마지막 남은 돼지고기 한 점을 입에 쏙 집어넣으며 말했다. 아아, 그걸 보고 있자니 눈물이 나려 했다.

"유대교도랑 이슬람교도는 돼지고기를 안 먹나요?"

"그렇단다. 종교마다 보통 몇 가지씩 금기 음식을 두고 있지. 대개는 고기가 금기 음식이란다. 유대인과 무슬림은 돼지고기를 안 먹고, 힌두교를 믿는 인도 사람들은 소고기를 안 먹지. 너도 알다시피 스님들은 그 어떤 고기도 안 먹는단다. 아하, 그러니까 너한테는 다이어트가 종교인 셈이구나."

할아버지는 끅 하고 트림을 했다. 트림에서조차 고기 냄새가 나는 것 같았다. 나는 그만 젓가락을 내려놓았다. 밥을 반 공기나 먹었는데도 배부른 느낌은 조금도 나지 않았다.

"하긴 너만 그런 것도 아니다. 요즘 시대에 다이어트는 정말로 종교나 다름없지. 옛날에는 수도사들이나 음식을 절제했는데, 요즘에는 예뻐지려는 여자들이 목숨 걸고 음식을 절제하고 있으니 말이다."

"이름난 발레리나는 하루에 사과 한 개밖에 안 먹는대요!"

나는 나도 모르게 흥분해서 소리쳤다.

"쯧쯧. 정말 목숨을 거는구나. 수녀들로 치자면 그보다 더한 사람도 있긴 했다. 성 베로니기리는 수녀는 평생 뭘 먹고 살았는지 혹시 아냐?"

"뭘 먹었는데요?"

"고양이 토사물을 먹고 살았단다. 간식으로는 거미도 좀 먹었다지, 아마?"

"네? 고, 고양이가 토한 걸 먹고 살았다고요?"

"그랬다는구나. 모르긴 몰라도 그 여자는 아주 날씬했을 거다. 어때? 부러워?"

할아버지는 나를 흘끗 쳐다보고는 낄낄거렸다.

웩! 성 베로니카인지 뭔지 그 여자 정말 강적이다. 그런데 대체 왜 그렇게 말도 안 되는 걸

먹고 살았던 걸까? 설마, 진짜 다이어트를 하느라?

"종교 때문이든 뭐든, 어떤 음식을 먹지 못하게 하는 금기의 역사는 오래되었지. 그 가운데에는 고개가 끄덕여질 만한 까닭이 있기도 하고, 반대로 아주 터무니없는 까닭도 있어. 성 베로니카는 아무래도 좀 이해가 안 가지?"

"까닭이 뭐든 고양이가 토한 걸 먹고 살았다니……. 생각만 해도 역겨워요."

할아버지가 상을 치우기 시작해서 나는 설거지를 하려고 일어섰다.

"설거지는 나중에 하고, 딸기 먹으면서 이야기나 좀 하자. 참, 딸기는 먹어도 상관없지?"

"그럼요. 딸기는 고기가 아니잖아요."

어느새 내 눈이 반짝반짝 빛났다. 밥을 반 공기밖에 안 먹은 나는 딸기를 한 바구니라도 먹어 치울 수 있을 것 같았다.

"죽은 고기와 피와 돼지고기를 먹지 말라! 이 말은 이슬람교의 경전인 코란에 나오는 말이란다. 유대교와 이슬람교에서 돼지고기를 못 먹게 한 까닭은 고대 중동 지역이 돼지 기르기에 알맞지 않은 곳이었기 때문이야. 소나 양은 잡초나 짚 같은 거친 풀만 먹고도 잘 살지만, 돼지는 사람과 같이 잡식 동물이어서 사람이 먹어야 할 음식을 축내는 동물이거든. 고대 중동은 메마른 지역이라 먹을 게 많지 않았어. 그래서 돼지를 못 기르게 한 거야.

인도는 오래 전부터 농사를 짓는 나라였어. 농경 민족한테 소는 아주 중요한 동물이지. 단단한 땅을 일구려면 쟁기를 끌 소가 꼭 필요했거든. 그렇게 귀한 소를 잡아먹는다는 건 사치였지. 그러니까 처음에 금기 음식이 생겨난

까닭은 종교 때문이라기보다는 사람들이 살아가는 환경 때문이었단다. 아무튼 그렇게 해서 생겨난 금기가 차츰 종교의 틀에 들어와 더욱 단단해졌지. 인도 사람들한테 소는 신성한 존재로 바뀌었어. 힌두교도들은 소고기는 절대 안 먹지만 소한테서 나오는 우유나 버터는 아주 귀한 음식으로 여긴단다. 심지어 소똥이나 소가 발굽으로 일으키는 먼지조차도 이로운 것이라 생각해 약으로 쓰지."

내가 딸기를 마구 먹어 치우는 동안 할아버지는 긴 이야기를 했다.
"소똥이랑 먼지를 약으로 쓴다고요?"
하마터면 먹던 딸기를 뱉어낼 뻔했다.
"그렇단다. 관습이란 게 원래 그래. 처음에는 뚜렷한 까닭이 있던 것들도 시간이 흐르면서 차츰 터무니없는 걸로 바뀌기도 하지. 다이어트도 그렇지 뭐냐? 처음엔 비만이 건강에 안 좋아서 했는데 이제는 빼빼 마른 게 예쁘다는 얼토당토않은 까닭으로 사람들이 다이어트에 목을 매잖아?"
할아버지가 또 다이어트를 공격했다.
"그럼 할아버지는 뚱뚱한 사람이 예뻐요?"
"너무 뚱뚱한 건 건강에도 안 좋지. 하지만 너무 마른 것도 마찬가지야. 내가 보기에 넌 아무리 봐도 살을 뺄 까닭이 없다. 네가 어딜 봐서 뚱뚱하다는 거냐?"

뭐, 할아버지가 나를 날씬하게 봐 준다니 고맙긴 하지만, 할아버지의 눈을 믿을 수 없었다. 아무래도 할아버지는 외국에서 너무 오래 살아서 좀 헷갈리시는 것 같았다.

"그렇게 말씀하셔도 소용없어요. 전 오늘부터 채식주의자가 되기로 했다니까요."

"그러든가 말든가. 네 맘대로 해라. 흠, 내일은 등심 스테이크를 해 먹어 볼까?"

"할아버지!"

"왜? 누가 너보고 먹으라고 했냐? 내가 먹을 거다. 난 채식주의자기 아니기든."

할아버지는 또 눈을 가늘게 뜨고 낄낄거렸다. 나는 벌떡 일어나 식탁을 떠났다. 어차피 벌써 딸기도 다 먹어 버린 뒤였다.

금기 음식도 가지가지

콩 그리스의 이름난 수학자 피타고라스는 콩 먹는 일을 금지했어요. 콩에는 우리 영혼을 이루는 살아 있는 물질이 가득 들어 있기 때문에 절대로 먹어서는 안 된다는 것이었어요. 피타고라스는 콩을 먹는 것은 어머니의 머리를 물어뜯는 것과 다름없다고 말하기도 했답니다.

마늘 불교의 스님들은 마늘을 비롯해 다섯 가지 매운 향채를 먹지 않는답니다. 마늘과 같이 매운 음식은 마음속에 화를 불러일으킨다고 생각해서예요. 이집트의 성직자들도 마늘과 양파를 삼가요. 마늘이 금지당한 까닭은 먹고 난 뒤 입안에 남는 강한 냄새 때문이에요.

한편 마늘은 귀신을 쫓는 힘이 있다고 여겨졌어요. 옛날 이집트 사람들은 마늘을 먹기보다는 묘지에 뿌리는 데 썼다고 해요.

오징어와 문어 북유럽 사람들은 오징어와 문어를 먹지 않아요. 특히 문어는 '악마의 물고기'라고 할 만큼 싫어하지요. 북유럽에 옛날부터 전해 내려오는 이야기에 거대한 문어와 오징어 전설이 있어요. 빨판으로 배를 덮치는 괴물 이야기이지요. 이 때문인지 북유럽 사람들은 오징어와 문어를 먹지 않는답니다.

생선 북아메리카 남서부의 인디언 부족들은 생선을 먹지 않아요. 그 까닭은 부족마다 다르답니다. 주니족과 호피족은 물을 신성하게 여겨서 생선을 못 먹게 해요. 그런가 하면, 나바호족과 아파치족은 물에 사는 생물을 물속 괴물의 자식이라고 여겨서 먹지 않아요.

아프리카 동부와 북부 쪽에 사는 부족들도 생선을 먹지 않아요. 그들은 생선을 '더러운 물뱀'이라 여겨요. 그래서 생선 먹는 일을 부끄럽게 생각하지요.

떡 본 김에 제사 지낸다
음식과 문화

　모처럼 친구들과 만나 컴퓨터 게임도 하고 수다도 떨었다. 부모님이 모두 출근하고 안 계신 집에 모여서 노느라 점심은 먹지도 못했다. 집으로 돌아오는 내내 머릿속에는 여러 가지 음식들만 오락가락했다.
　"아아, 배고파. 치킨이랑 피자랑 쌓아 놓고 먹었으면 좋겠네."
　채식주의자가 되려던 나의 계획은 슬그머니 꼬리를 내린 지 오래였다. 할아버지 음식 솜씨가 어디 보통이라야 말이지. 언제부터인가 나는 체중계를 침대 밑에 치워 버리고 거들떠보지도 않았다.
　"오늘 저녁은 어느 나라 요리일까?"
　세계 곳곳에서 알아주는 요리사인 할아버지 덕분에 나는 다른 애들은 꿈도 꾸지 못할 여러 나라의 요리를 겨울 방학 내내 먹어 보고 있었다. 오늘도 친구들한테 열심히 자랑을 했더니, 한 애는 입을 벌리고 내 얘기를 듣다가 그만 침을 흘리기까지 했다.

드디어 집이다! 나는 문을 활짝 열고 집으로 들어갔다.

"할아버지, 저 다녀왔어요!"

할아버지는 여느 때와 다름없이 부엌에서 요리를 하고 있었다. 이쪽을 등지고 있어서 얼굴은 안 보였지만 휘파람을 불며 요리를 하는 걸 보니 기분이 좋으신가 보다.

쿵쿵……. 그런데 이 냄새는? 집안에서 온통 맵고 톡 쏘는 냄새가 났다. 여러 가지 향이 뒤섞인 것 같은 독특한 냄새였다. 뭔지는 몰라도 아무튼 우리나라 요리는 아닌 게 틀림없었다. 익숙하지 않은 향이 어쩐지 거북살스러웠다.

"은하! 마침 시간을 딱 맞춰서 왔구나. 어시 손 씻어라. 저녁 먹자."

할아버지가 돌아보며 말했다. 이런! 할아버지 얼굴이 온통 불에 익고 땀에 절어 번들번들했다. 바깥은 차가운 바람이 쌩쌩 부는 추운 겨울인데 할아버지는 요리하느라 비 오듯 땀을 흘리고 있었다.

"뭘 그렇게 열심히 만드신 거예요?"

"어서 씻고 나오라니까."

할아버지는 냄비를 들어 식탁으로 날랐다. 오오, 톡 쏘는 향이 더 가까워졌다. 나는 그 냄새를 피해 얼른 욕실로 들어갔다.

"하루쯤은 그냥 간단하게 치킨이나 시켜 먹지……."

나는 손을 씻으며 혼잣말을 중얼거렸다. '이번엔 또 어떤 신기한 다른 나라 음식을 맛볼까?' 하는 기대가 집 안 가득한 요상한 향 때문에 한순간에 사라져 버렸다. 나는 비누 거품을 잔뜩 내서 손을 씻었다. 향긋한 비누 냄새가 기분 좋았다. 하지만 욕실 밖으로 나오니까 다시 음식 냄새가 코를 찔러 비누 냄새는 자취를 감춰 버렸다.

식탁 위에 있는 냄비에서 무언가가 아직도 부글부글 끓고 있었다. 그것 말고도 식탁에는 여러 가지 음식이 차려져 있었다. 채소와 고기를 얇은 피에 잘 말아 놓은 스프링 롤도 있고, 새콤한 해파리 냉채도 보였다. 모락모락 김이 나는 따뜻한 밥과 반찬들도 있었다.

할아버지는 흐뭇한 웃음을 지으며 이마의 땀을 닦았다. 손녀딸을 위해 땀을 비 오듯 흘려가며 요리를 잔뜩 해 놓으신 할아버지를 보니 어떻게든 맛있게 먹어서 할아버지를 기쁘게 해 드려야겠다는 생각이 들었다. 그렇게 착한 마음을 먹고 식탁에 앉았지만, 할아버지가 냄비 뚜껑을 여는 순간 나는 어쩔 수 없이 코를 틀어막고 말았다.

"으악! 이게 무슨 냄새예요?"

톡 쏘는 매운 향이 순식간에 퍼졌다. 코가 아플 지경이었다.

"무슨 냄새는 무슨 냄새! 음식 냄새지. 호들갑 좀 그만 떨어라. 넌 낯선 외국 음식도 잘 먹었잖아?"

"하지만 이건 거의 고추 폭탄이잖아요! 그리고 이상한 냄새가 난다고요!"

"산초 냄새 말이냐? 중국 사천 사람들은 이 냄새를 맡으면 얼른 수저를 들고 싶어서 안달이 나지. 입맛을 돋우는 향기라고 할걸?"

"입맛을 돋우는 게 아니라 멀리 달아나게 하는 냄새라고요."

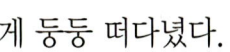코를 틀어막은 채로 말했더니 고맹맹이 소리가 났다.

"하긴 외국 사람들도 우리나라 청국장 냄새를 맡으면 코를 틀어쥔다고 그러더라. 오랫동안 먹어온 것들에만 익숙해서 낯선 냄새에 거부 반응을 보이는 거지. 하지만 한번 먹어 보면 생각이 달라질 거야. 편견을 버리고 먹어 보렴. 자, 어서!"

할아버지가 억지로 내 손에 숟가락을 쥐어 주었다. 나는 별 수 없이 숟가락을 냄비에 가져갔다. 벌건 국물에 고깃덩이 같은 게 둥둥 떠다녔다.

"할아버지. 이, 이건 무슨 고기예요?"

나는 숟가락을 도로 빼며 물었다. 어쩐지 불길한 예감이 들었다.

"왜, 내가 탕 속에 사람 고기라도 넣었을까 봐 그러냐?"

"네? 사람 고기요?"

"음, 뭐 사람 고기는 아니고, 원숭이 고기란다."

할아버지는 아무렇지도 않게 말을 하고는 낄낄거렸다.

"워, 원숭이 고기라고요?"

나도 모르게 입이 딱 벌어졌다. 원숭이로 요리를 하다니! 내가 아무리 고기를 좋아한다지만 원숭이 고기까지 먹고 싶진 않았다. 나는 벌떡 일어나 부엌을 뛰쳐나왔다. 가슴이 벌렁벌렁했다. 그러고 보니 중국 사람들은 원숭이 고기도 먹는다는 이야기를 어디선가 들은 것 같았다. 할아버지는 대체 원숭이를 어디서 잡아온 것일까? 동물원에 들어가 몰래 사냥을 했을까?

"하하하! 저 놀란 얼굴 좀 봐라. 설마 진짜로 원숭이 고기라고 믿은 거냐?"

할아버지는 배를 잡고 뒹굴며 웃었다.

그러나 나의 의심은 쉽게 가시지 않았다. 할아버지라면 얼마든지 원숭이뿐 아니라 악어나 고래도 잡아다 요리에 쓸 사람이었다. 할아버지는 그 무엇보다도 요리를 가장 중요하게 생각하시지 않는가!

그때 거실 전화가 울렸다. 나는 얼른 수화기를 집어 들었다.

"여보세요!"

"은하냐?"

"어, 아빠!"

"할아버지랑 저녁은 먹었고?"

"그게 말이야……. 아빠! 할아버지가 글쎄 원숭이 고기로 음식 만드셨어. 끔찍해!"

나는 숨 가쁘게 말했다. 아빠한테는 이 사실을 알려야 했다. 우리나라에서 원숭이 고기를 먹는 일은 모르긴 몰라도 불법일 게 틀림없었다. 할아버지가 경찰서에 잡혀 가길 바라는 건 아니지만, 진실을 숨길 수는 없었다.

"그런데, 아빠! 어쩌면 사람 고기일지도 몰라……."

그 순간 수화기가 내 손에서 빠져나갔다. 어느 틈엔가 옆에 다가온 할아버지가 수화기를 낚아챈 것이었다.

"자넨가? 그래, 저녁은 먹었고? 그럼, 우리는 아주 잘 지내지."

할아버지는 나를 밀쳐내고는 아빠와 통화를 했다.

"하하하! 그러게 말일세. 은하가 상상력이 아주 뛰어난 것 같아. 걱정 말게."

나는 어이가 없어서 입을 딱 벌렸다. 뭐? 상상력이 뛰어나다고? 사람 고기며 원숭이 고기 얘기를 먼저 꺼낸 건 엄연히 내가 아니었다. 할아버지 입으로 한 얘기였다.

"그럼 대체 무슨 고기인데요?"

나는 소리를 꽥 질렀다.

"아프리카 콩고를 여행할 때 내 눈으로 똑똑히 본 건데 말이지."

할아버지와 나는 다시 식탁에 마주 앉아 있었다. 우리는 먼저 탕에 든 고깃덩이를 꺼내어 그게 틀림없는 닭고기라는 걸 확인했다. 그러고 나서야 나는 할아버지가 하는 얘기를 듣기로 했다.

"어느 시장에서 훈제 원숭이 고기를 쌓아 놓고 파는 거야. 멀리서 언뜻 보면 꼭 어린아이들을 쌓아 놓은 것처럼 보이지."

"으악! 끔찍해요."

나는 속에서 욕지기가 올라오는 걸 느꼈다.

"그뿐이 아니야. 밀림 깊숙한 곳에 사는 콩고 사람들은 침팬지까지 잡아먹더라니까. 대접한다고 내 앞에다 내놓은 고기를 보는데……. 아이고, 어찌나 사람하고 비슷하던지."

"서, 설마 그 고기를 드신 건 아니죠?"

"그건 도저히 못 먹겠더라. 내가 온 나라를 다 다니며 별별 음식을 다 먹어봤지만, 차마 침팬지 고기까지는 먹을 수가 없더라고."

할아버지가 고개를 절레절레 흔들었다.

"휴, 다행이에요. 그래도 할아버지가 식인종은 아니었군요."

"뭐라고? 예끼, 이 녀석! 그럼 할아버지가 식인종인 줄 알았냐?"

할아버지가 내 머리에 꿀밤을 먹였다.

"아야, 아파요!"

"아무튼 그때 생각이 나서 원숭이 고기라고 장난 좀 쳐 본 거야. 네가 이 맛있는 탕을 먹어 보지도 않고 지레 질겁하니까, 얄미워서 놀려 주고 싶었지."

할아버지는 쿵쿵 목을 가다듬고 이야기를 이었다.

"나라마다 사람들이 먹는 음식은 정말 여러 가지란다. 재료도 먹는 방식도 저마다 다르지. 금기 음식이 생겨난 까닭이 환경 때문이었던 것처럼, 어떤 음식을 잘 먹는가도 둘레 환경이나 그곳의 날씨에 달려 있어. 바닷가에 사는 사람들은 생선을 잘 먹고, 내륙에 사는 사람들은 고기를 잘 먹는 게 당연하지. 그리고 더운 곳에 사는 사람들은 음식이 상할까 봐 향신료를 듬뿍 쳐서 먹는단다. 향신료는 또한 맛과 향기를 더해 주지. 네가 코를 막고 난리를 친 이 요리는 사천 지방에 오랫동안 전해 내려온 대표 요리란다. 고추, 산초, 정향, 팔각 같은 여러 가지 향신료가 들어 있는 맛있는 탕이지. 그런데 한번 먹어 보지도 않고 무턱대고 싫다니! 그건 남의 나라 문화를 업신여기는 것과 다름없어."

할아버지가 식탁 위의 벌건 탕을 국자로 휘휘 저으며 말했다.

"하지만 할아버지도 침팬지 고기는 안 먹었잖아요! 그럼 할아버지도 콩고 문화를 무시한 거네요?"

"아무리 그래도 선은 있어야지. 침팬지는 우리가 보호해야 할 멸종 위기 동물이야. 게다가 사람하고 아주 비슷하잖아? 사람이 사람을 잡아먹어선 안 되는 것처럼 침팬지를 먹는 일도 옳지 않단다. 그건 자연의 법칙이야. 너 에이즈란 병이 어떻게 생겨난 건지 알아? 처음 에이즈에 걸린 사람은 바로 침팬지 요리를 먹은 사람이었단다."

"정말이에요? 거 봐요! 사람은 아무거나 다 먹을 수 있는 게 아니라고요. 그러니까 나도 이 탕은 먹지 않을래요."

나는 탕에서 고개를 돌렸다. 아무리 그래도 독특한 향은 피할 수 없었다. 다행인 건 이제 코가 조금은 마비가 되어서 냄새가 아까보다 덜 느껴진다는 것이었다.

"그러지 말고 한번 먹어 봐. 다른 나라 음식을 먹어 보는 건 그 나라의 문화를 만나는 일이라니까. 실제 먹어 봐야 사천 사람들이 왜

이렇게 맵고 톡 쏘는 탕을 즐겼는지 이해하지 않을까?"

"싫어요! 이 음식은 생김새부터 먹고 싶지 않게 생겼다고요!"

"편견이야!"

"그래도 어쩔 수 없어요!"

또다시 할아버지와의 전쟁을 벌이는구나 싶었는데, 놀랍게도 할아버지가 항복을 했다.

"알았다. 그럼 다른 음식이라도 먹으렴. 어쨌든 저녁은 먹어야 하니까."

할아버지는 탕을 한쪽 옆으로 치우고 다른 접시들을 내 앞으로 가져다 놓았다.

"좋아요. 다른 건 먹을게요."

나도 너무 뻣뻣하게 굴 필요는 없었다. 게다가 하루 종일 굶었더니 배가 몹시 고팠다. 나는 못 이기는 척 젓가락을 들어 돌돌 말아 놓은 스프링 롤 하나를 집었다.

"이건 맛있게 생겼으니까요."

그리고 입안에 집어넣었는데,

"오오!"

나는 비명을 지르며 스프링 롤을 뱉어 내고 말았다.

무엇 때문인지는 잘 모르겠다. 강한 향이 입안을 가득 메우는데 도저히 참을 수가 없었다. 마치 향수를 병째 들이켠 것 같기도 하고, 뒤통수를 세게 얻어맞은 것 같기도 했다. 아무튼 나는 당장 토할 것만 같은 느낌을 간신히 참았다.

"왜 그러냐?"

"모르겠어요. 뭔지 모르지만 향이 너무 세서 토할 것 같아요."

나는 울상을 하고 말했다.

"아하! 코리앤더 때문인가 보구나. 우리나라 사람들이 코리앤더를 잘 먹지 못한다고 하더니만."

할아버지는 스프링 롤 하나를 벗겨, 그 안에 들어 있던 풀을 꺼내 보여 주었다. 작은 이파리가 달린 가느다란 풀이었다. 보기에는 참 얌전해 보이기만 했다. 저게 날 공격했단 말이야?

"이게 바로 범인이란다. 우리나라에서는 고수풀이라고 하지. 향기가 좋아서 다른 나라 사람들은 아주 좋아하는 허브란다. 그런데 우리나라 사람들은 도대체 왜 이걸 싫어하는지 알 수가 없단 말이야."

할아버지는 풀을 입에 넣고 잘근잘근 씹었다. 아주 향기롭다는 얼굴을 하고서. 나는 살그머니 그 풀을 집어 코 가까이 가져갔다. 아무래도 그 여린 풀 때문에 내가 토할 뻔했다는 게 믿어지지 않아서였다. 그런데 역시 그 풀이 범인이 틀림없었다. 그 향기였다. 코 가까이 갖다 대기만 했는데도 향수병 속에서 헤엄치는 것처럼 어지러웠다. 또다시 욕지기가 올라왔다.

"웩! 못 먹겠어요. 전 그냥 밥이랑 김치랑 먹을래요."

"쯧쯧. 안됐구나. 이렇게 맛있는 게 잔뜩 있는데 못 먹다니. 아마 익숙해지는 데는 시간이 좀 걸릴 거다. 입맛이란 녀석은 고집불통 할멈처럼 심술을 곧잘 부리지."

할아버지는 식탁을 다시 정리했다. 내 앞에는 김치와 밥이 달랑 놓였다. 할아버지 앞에는 산해진미가 가득 차려졌다.

"이쩔 수 없구나. 오늘은 김치하고 먹으렴."

그러더니 할아버지는 사천의 명물 탕과 스프링 롤을 비롯해서 여러 가지 음식들을 열심히 먹었다. 나는 밥에다 김치를 얹어 끼적끼적 먹었다. 눈으로 보기에는 할아버지의 밥상이 훨씬 화려하고 맛있어 보였다. 그런데 도대체 왜 나는 저걸 먹을 수 없는 걸까? 촌스러운 내 입맛이 저주스러웠다.

"끄윽! 잘 먹었다. 사천 요리는 정말 훌륭한 요리란 말이야. 가만 있자, 떡 본 김에 제사 지낸다고 했으니까 오늘은 중국 문화 기행이라도 떠나 볼까?"

식탁 위의 음식들을 싹 비우고 난 뒤, 할아버지는 뒤뚱거리며 방으로 들어갔다.

잠시 뒤 다시 나타난 할아버지는 중국 전통 옷을 입고 있었다. 그것도 여자 옷을! 그뿐이 아니었다. 얼굴에는 인형처럼 새하얗게 분칠을 하고 눈과 입술에는 진한 화장을 했다.

"하, 할아버지!"

나는 너무 놀라 숨도 쉬지 못했다.

"이……, 야……, 오…….."

할아버지는 이상한 목소리로 말을 했다. 아주 높은 목소리였다. 물론 무슨 말인지는 하나도 알아들을 수 없었다. 어쩌면 중국 말일지도 몰랐다. 곧이어 오디오에서 음악이 흘러나왔다. 중국 전통 음악이었다. 할아버지는 그 음악을 따라서 노래를 부르고 춤을 추었다. 요상한 몸짓, 높은 목소리. 아, 알겠다! 저건 중국 전통 연극인 경극이다. 여자 역도 모두 남자가 한다던 그 연극. 그런데 할아버지는 하필이면 왜 여자 역을 맡은 것일까? 혼자 하는 거니까 자기 맘대로 고를 수 있었을 텐데 말이다.

음, 이게 바로 할아버지가 말한 떡 본 김에 지내는 제사, 즉 중국 문화 기행인 게 틀림없겠지만, 내 생각에는 할아버지가 사천 요리를 먹고 탈이 난 게 아닐까 싶었다. 역시 사람은 아무거나 먹어선 안 되나 보다.

여러 가지 향신료

산초 초피나무 열매로 만든 향신료로 중국 음식에 많이 들어가요. 우리나라 음식에는 추어탕에 들어가지요. 얼얼하게 톡 쏘는 매운 맛과 상쾌하고 시원한 향이 나서 생선 비린내나 고기의 누린내를 없애 줘요. 소화를 돕는 효과도 있어요.

정향 톡 쏘는 맛을 더해 주는 향신료예요. 방향제로도 쓰일 만큼 향이 강합니다. 고기 요리, 그 가운데에서도 돼지고기 누린내를 없애는 데 많이 쓰여요.

팔각 3천 년 전부터 널리 쓰인 중국 요리의 대표 향신료예요. 고기 누린내를 없애고 향긋한 맛을 내요. 우리나라에서는 족발이나 보쌈 요리를 할 때 주로 써요. 향이 매우 강해서 조금만 넣어야 한답니다.

고수 영어로는 '코리앤더'라고 해요. 베트남 쌀국수의 독특한 향을 내는 향신료예요. 풀잎을 그대로 쓰기도 하고, 씨를 향신료로 쓰기도 해요. 동남아뿐 아니라 멕시코, 아랍, 인도, 중국에서 상큼한 향신료로 널리 쓰여요. 우리나라에서도 고수김치를 만들어 먹기도 했어요.

정말 식인종이 있을까요?

　사람이 사람을 잡아먹는 일은 생각만 해도 정말 끔찍해요. 그런데도 옛날 오스트레일리아와 뉴질랜드, 뉴기니, 멜라네시아, 폴리네시아, 중남미, 아프리카 몇몇 곳에 살던 원주민들한테 식인 풍습이 있었다고 해요. 도대체 왜 사람을 잡아먹었을까요?

　뉴질랜드 식인종들은 적을 잡아먹으면 용기와 힘을 얻을 수 있다고 생각했어요. 오스트레일리아 식인종들은 사람 고기를 먹으면 무엇이든 마음대로 할 수 있는 마법사가 될 수 있다고 믿었지요.

　아마존과 뉴기니의 식인종들은 죽은 식구나 친척의 고기를 먹었어요. 시체를 땅 속에 묻는 것보다 친척들이 먹어서 따뜻한 배 속에 모셔 두는 게 더 낫다고 생각한 거예요.

　하지만 식인 풍습은 사람들한테 힘과 용기, 마법을 주기보다는 병을 일으켰어요. 파푸아뉴기니의 식인종들한테는 '쿠루'라고 하는 병이 생겼어요. 자꾸만 웃지 않고는 못 배기는 이상한 병이랍니다. 그러다 온몸이 마비되어 죽고 말지요.

　쿠루는 인간의 뇌나 뼈를 먹은 사람한테 나타났어요. 광우병처럼 뇌에 구멍이 생기는 병이에요. 이런 걸 보면 같은 종족을 잡아먹는 일은 꼭 문명이나 문화 때문이 아니더라도 자연이 금지하는 일인 것 같아요.

요리사가 많으면 수프를 망친다

요리의 역사

"할아버지, 저기 좀 봐요! 게가 진짜 커요!"
나는 손가락으로 커다란 게를 가리키며 소리쳤다. 내가 봐도 좀 호들갑이었다. 하지만 게의 몸통이 정말로 내 얼굴보다 더 컸다.

그런 게는 처음 봤다.

"대게로구나. 쪄서 먹으면 아주 맛있지. 하지만 우리는 꽃게를 살 거다."

할아버지가 내 팔소매를 잡아끌며 말했다. 할아버지와 내가 와 있는 곳은 수산 시장. 오늘은 할아버지가 나한테 요리를 가르쳐 준다고 하셨다. 내가 할아버지의 손녀딸이기 때문에 틀림없이 요리 감각을 타고났을 거라고 말씀하셨다. 하긴 할아버지의 딸인 엄마도 요리 솜씨는 나쁘지 않았다.

수산 시장은 엄마와 늘 장 보러 가던 마트와는 달랐다. 마트는 깔끔하고 넓고 환한 실내에 식품들이 품목별로 가지런히 진열되어 있는데, 수산 시장은 천장이 높은 커다란 건물에 작은 가게들이 저마다 생선과 해물을 팔고 있었다. 바닥이 온통 질퍽질퍽해서 조심해서 안 걸으면 운동화가 젖을 판이었

다. 가판대에 놓여 있는 생선들은 마트에서 파는 포장된 생선들보다 왠지 '야생'에 가까워 보였다. 어찌나 싱싱한지 당장이라도 다시 살아나서 펄떡거릴 것만 같았다. 아예 수족관에 들어 있는 살아 있는 생선과 해물들도 있었다.

"할아버지, 오늘 저한테 가르쳐 주신다는 요리가 뭐라고 했죠?"

"부야베스! 프랑스 해물탕이란다."

"음, 그럼 여기서 사야 할 재료가……?"

"싱싱한 농어, 꽃게, 새우, 홍합, 모시조개, 대합……."

할아버지의 말이 채 끝나기도 전에 여기저기서 장사꾼들이 손짓하며 할아버지를 불렀다.

"생물 농어 오늘 들어왔어요!"

"꽃게가 펄떡거려요!"

"커다란 홍합 있어요!"

"대합 찾으세요? 여기예요, 여기!"

우아, 마치 축구장의 관중들 같았다. 모두들 손짓하고 환호하고 소리쳤다. 정말이지 수산 시장은 활기가 넘쳤다. 사람도 생선도 해물도 모두 풍성하고 펄펄 살아 있었다. 보기만 해도 신이 나고 절로 힘이 솟았다. 딱 한 가지 단점이 있다면, 생선 비린내가 진동을 해서 코를 틀어막고 싶어진다는 것. 하지만 나는 꾹 참았다. 생선 가게 주인들 앞에서 차마 비린내 난다고 티를 낼 수는 없었다.

"에이, 이게 무슨 생물이야? 얼렸다가 녹인 거잖아?"

할아버지 목소리가 저쪽에서 들렸다. 언제 저쪽으로 가셨지? 나는 얼른 다가갔다.

"아이고, 아버님. 무슨 말씀이세요? 이건 생물이라고요! 여기 아가미를 좀 보세요. 이래도 생물이 아니라고요?"

농어 파는 아저씨는 우리 할아버지를 넙죽 아버님이라고 부르며 대꾸했다.

"그래? 그럼 좀 오래됐나 보네. 아무튼 아주 싱싱하지는 않아."

할아버지는 다른 가게로 가려는 것처럼 슬슬 걸음을 옮겼다. 그러자 농어 아저씨가 급히 할아버지의 소매를 붙들었다.

"알았어요, 아버님. 제가 더 싸게 드릴게요. 아, 이렇게 싱싱한 농어를 안 싱싱하다고 떼를 쓰시네."

농어 아저씨는 벌써 농어를 비닐 봉지에 담고 있었다. 자기 생선을 흠잡은 할아버지가 미워서 바라보기도 싫다는 듯 딴 데를 바라보며 봉지를 할아버지한테 건넸다. 할아버지는 못 이기는 척 봉지를 받아 들었다.

"그럼 내가 아들만 믿고 사네."

할아버지는 한쪽 눈을 찡긋 하며 돈을 건넸다. 할아버지까지 저 아저씨를 아들이라고 하다니, 그럼 난 외삼촌이라고 불러야 하나?

수산 시장을 한 바퀴 도는 동안 나한테는 외삼촌이 둘, 이모가 셋이나 더 생겼다. 가는 데마다 아들이고 딸이었다. 그리고 할아버지는 사려는 것마다 모두 안 싱싱하다고 투덜댔고, 외삼촌과 이모들은 다들 싱싱하다고 우겨댔다. 마치 모두 연극이라도 하는 것 같았다. 할아버지와 장사꾼들의 말씨름을 구경하는 것은 나름 재미있었다. 수산 시장을 나설 즈음, 우리 장바구니는 어느새 묵직해져 있었다.

"할아버지, 근데 할아버지는 어떻게 요리사가 되셨어요?"

수산 시장을 나와 농산물 시장으로 가는 길에 내가 물었다.

"나도 내가 요리사가 될 줄은 꿈에도 몰랐단다. 그런데 막상 요리사가 되고 보니 나한테 그처럼 딱 맞는 직업은 없더구나."

"엄마 말로는 할아버지가 맨 처음 가신 곳이 미국이라던데, 미국에서 요리 공부를 하셨어요?"

"그래. 처음에는 요리 공부를 하러 간 건 아니었어. 내가 미국에 간

게 1960년이었으니까 한국전쟁이 끝난 지 몇 년 안 지났을 때지. 그때 우리나라는 가난하기 이를 데 없는 나라였단다. 젊은 나는 미국처럼 큰 나라에 가서 기술 공부도 하고 큰돈을 벌고 싶었어. 그래서 고등학교를 졸업하자마자 열심히 일을 해서 비행기 값을 벌었지. 그렇게 비행기 표만 달랑 들고 미국엘 간 거야."

"그럼 미국에 가서는 어떻게 했어요? 돈이 하나도 안 남았겠네요?"

나는 젊은 날의 할아버지를 상상하느라 고개를 갸웃거리며 물었다.

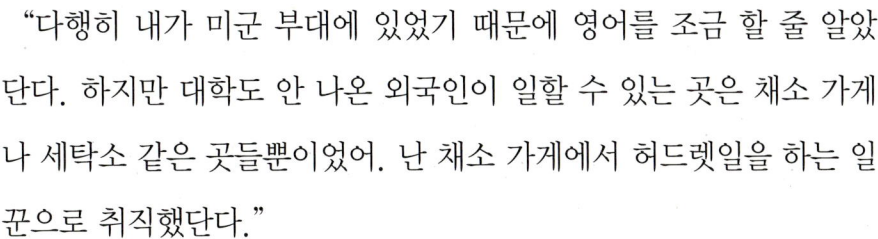

"다행히 내가 미군 부대에 있었기 때문에 영어를 조금 할 줄 알았단다. 하지만 대학도 안 나온 외국인이 일할 수 있는 곳은 채소 가게나 세탁소 같은 곳들뿐이었어. 난 채소 가게에서 허드렛일을 하는 일꾼으로 취직했단다."

"그래서 대학에 갈 만큼 돈을 많이 버셨어요?"

"아니. 먹고살기도 바빠서 쉬지 않고 일해야 했지. 채소 가게 다음은 정육점, 그다음은 향신료 가게, 그다음은 치즈 가게였어. 참 신기하게도 난 자꾸 음식 재료를 다루는 곳에서만 일을 하게 됐지 뭐냐.

그러는 동안 여러 가지 음식 재료들에 익숙해졌단다. 미국에는 어쩌면 그렇게 다양한 채소와 과일, 향신료와 치즈가 있는지 볼 때마다 혀를 내둘렀지. 채소 가게에서 일할 때는 하루 일이 끝나면 남은 채소들 가운데 시든 것들을 일꾼들한테 공짜로 주었단다. 그걸 가져다가 대충 찌개를 끓여 먹으며 살았지. 그땐 젊고 가난했기 때문에 맛같은 건 마음 쓰지 않았어. 그저 배만 부르면 그만이었지. 그런데 그렇게 혼자 밥을 해 먹는 날들이 길어지면서, 나도 모르게 차츰 요리에 관심이 생겼어. 워낙 음식 재료가 다양하기도 해서 한국에서는 못 먹어 본 것들도 많았거든. 그래서 이걸 어떻게 해서 먹으면 맛있을까, 하고 궁리하고 또 궁리했지. 그게 시작이었어."

"아하, 그래서 요리사가 되기로 마음먹으신 거예요?"

"처음에야 조그마한 관심에 지나지 않았지. 하지만 열심히 일하다 보니 조금은 숨 돌릴 만한 여유가 생기고, 맛있는 걸 먹고 싶은 욕구도 생겨났어. 뭔가 그럴듯한 음식을 만들어 먹어 보고 싶었던 거야. 그래서 자꾸 요리 연구를 하게 되었고, 마침내 요리 학교에도 들어갔지. 인류에게 요리의 역사가 시작된 것과 똑같이 할아버지한테도 요리의 역사가 시작된 거야."

할아버지는 먼 하늘을 바라보며 말했다.

"요리의 역사요? 요리는 원래 옛날부터 있었던 거 아니에요? 사람은 언제든 음식을 해 먹었을 거 아니에요?"

"물론 아주 오랜 옛날부터 사람은 불을 피워 음식을 조리해 먹었단다. 하지만 그건 요리라고까지 할 것도 없는 아주 간단한 조리였지. 굽거나 삶거나 뭐 그쯤이었어. 그 뒤로 차츰 다양한 조리 방법이 나오긴 했지만, 네가 지금 생각하는 요리에는 훨씬 못 미칠 거다. 좀 더 세련된 요리는 먹을 것이 넉넉해지고 사람들이 음식 걱정을 하지 않아도 되는 때에야 나타났단다. 그게 1700년대쯤이지. 그전까지는 날씨 때문이든 전쟁 때문이든, 사람들은 늘 음식이 동날까 봐 불안해했어. 그래서 먹을 게 있을 때면 한꺼번에 실컷 먹어 두고, 먹을 게 떨어지면 굶기를 밥 먹듯이 했지."

"굶기를 밥 먹듯이 해요? 하하하!"

나는 그 말이 웃겨서 잠시 배를 잡고 웃었다. 내가 다 웃고 나자 할아버지가 이야기를 이어 나갔다.

"식량이 넉넉해지자 사람들은 이제 살기 위해 먹어야 하는 운명에서 벗어나게 됐어. 맛있는 요리를 먹고 싶은 욕구가 생겨났지. 갖가지 향신료를 친 고급 요리, 우아한 식사, 고급 레스토랑이 나타났어. 요리사라는 직업이 특별한 직업이 된 것도 그때쯤이었지."

"미국 생활이 안정되니까 할아버지가 맛있는 요리를 만들어 먹고 싶어진 것처럼요?"

"그래. 양보다 질을 따지게 되는 거지. 그만큼 살 만해졌다는 뜻이야. 은하, 너야 배고픈 시절을 안 겪어 봤으니까 무슨 말인지 잘 모를 수도 있겠다만."

"무슨 말씀이세요? 저도 다이어트 하느라 배고플 때가 얼마나 많은데요?"

나는 눈을 동그랗게 뜨고 할아버지를 보며 말했다.

"그게 바로 배부른 소리라는 거야!"

할아버지가 내 뒤통수에 꿀밤을 먹였다. 몹시 억울하긴 했지만 거기서 한마디라도 더했다간 할아버지와 함께 집에 돌아오지 못할 것 같아서 내가 꾹꾹 참았다.

"자, 어서 부야베스를 만들어 보자!"

농수산물 시장에서 채소 장보기까지 마친 우리는 터질 것처럼 꽉 찬 장바구니와 함께 집에 다다랐다.

"아아, 마르세유의 찬란한 태양과 푸른 바다가 눈앞에 떠오르는구나."

할아버지가 장바구니를 열어 사 온 것들을 정리하며 중얼거렸다.

"왜요?"

"왜라니? 부야베스가 남프랑스 마르세유 지방의 음식이니까 그렇지.

내가 부야베스 만드는 법을 배운 곳도 바로 마르세유 바닷가의 작은 레스토랑이었단다."

"우아, 할아버지는 정말 안 가 본 곳이 없네요?"

나는 채소를 개수대에 던져 넣으며 물었다.

"얘, 채소를 그렇게 마구 던지면 어떡하니? 멍들잖아. 찬찬히 올려놔라. 흠, 내가 요리사가 된 까닭 가운데 하나가 여행 때문이란다. 요리사는 세계 어디든 가서 요리를 배울 수 있고, 마음껏 여행하다 돈이 떨어지면 어느 식당에든 취직해서 돈을 벌 수 있으니까 말이다."

"음, 요리사란 직업도 꽤 매력 있는데요?"

"그걸 말이라고 하냐? 세상에서 가장 훌륭한 직업이지! 사람들한테 맛있는 음식을 만들어 주는 일, 그 얼마나 따스한 일이냐!"

나는 잠시 생각에 잠겼다. 여태까지는 한 번도 요리사란 직업을 진지하게 생각해 본 적이 없었다. 그런데 할아버지를 만난 뒤로 요리사가 꽤 멋진 일이라는 걸 솔직히 인정할 수밖에 없었다. 요리사는 음식으로 사람들을 행복하게 하는 직업이다.

"채소 다 씻었냐? 그럼 토마토는 깍둑썰

기하고, 대파랑 샐러리는 어슷썰기해라. 그리고 양파랑 마늘도 썰어 놓고…….”

"잠깐만요! 깍둑썰기는 뭐고, 어슷썰기는 뭐예요?"

"쯧쯧. 여태 그것도 몰라? 척 들으면 알아야지. 깍둑썰기는 깍두기 모양으로 써는 거고, 어슷썰기는 어슷어슷 비스듬하고 길게 썰란 말이다."

"알았어요."

나는 뽀로통하게 대답했다.

그건 시작에 지나지 않았다. 요리 대장 할아버지는 자꾸만 알 수 없는 말로 내게 지시를 내렸다. 생선을 한 입 크기로 썰어라, 양파가 투명해질 때까지 볶아라, 고추기름을 내라……. 그뿐이 아니었다. 난 이름도 잘 모르는 향신료들인 샤프란, 타임, 월계수 잎을 꺼내라 넣어라 난리였다. 나는 양파를 죄다 태우고, 기름을 냅답시고 고추를 쥐어짜고, 향신료 병들을 손에 들고 허둥대다가 바보 같은 얼굴로 할아버지를 바라봤다.

"이상하다. 내 손녀딸이면 요리 감각을 타고났을 텐데…….”

할아버지가 고개를 갸우뚱하면서 나를 봤다. 그 말인즉슨, 나한테 요리 감각이 없다는 뜻이렷다.

"그만! 명령은 그만하세요! 이제부터는 내 맘대로 할래요. 부야베스가 프랑스의 해물탕이라면서요? 그럼 해물이랑 채소랑 넣고 푹푹 끓이면 되는 거 아니에요? 제가 알아서 할게요."

나는 커다란 전골냄비에다 재료를 몽땅 털어 넣었다.

"앗! 하지만 먼저 올리브기름에다 마늘을 볶아야 해! 그리고 양파를 달달 볶아야……."

할아버지가 다급히 냄비를 잡아당기며 말했다.

"됐어요. 오늘은 은하 표 부야베스를 할 거라고요!"

나는 냄비를 안 빼앗기려고 안간힘을 썼다. 나도 자존심이 있다. 알아듣지도 못하는 말 때문에 바보 같은 얼굴로 서 있는 건 이제 그만할 테다.

"요리에는 차례가 있어! 그냥 몽땅 넣고 끓이면 되는 게 아니라고."

"끓으면 다 똑같지 뭘 그래요?"

"그게 아니라니까! 싱싱한 해산물의 향이 살아 있게 하려면……."

"어차피 끓이면 해물이고 생선이고 다 죽은 목숨이라고요!"

그때였다. 할아버지와 내가 붙잡고 서로 놓지 않으려던 냄비가 그만 발랑 뒤집어지면서 안에 들어 있던 재료들이 모두 바닥으로 쏟아졌다.

"앗!"

"아이고!"

잠시 침묵이 흘렀다. 수산 시장까지 가서 공들여 사 온 생선과 해물들이 부엌 바닥에 널브러져 있었다. 서툰 내 솜씨로 깍둑 썰고 어슷썬 채소들도 뒤범벅이 되어 굴러다녔다. 나는 어쩔 줄을 몰랐다.

"그러게 사공이 많으면 배가 산으로 가고, 요리사가 많으면 수프를 망친다고 했지."

할아버지가 재료들을 다시 냄비에 주워 담으며 혼잣말처럼 중얼거렸다.

"죄, 죄송해요. 제가 너무 고집을 부렸나 봐요."

나는 기어 들어가는 목소리로 말했다. 손으로는 굴러다니는 양파 조각들을 그러모았다.

"흠, 그러고 보니 과연 우리 은하한테 요리사 소질이 있구나."

할아버지가 알 수 없는 말을 했다.

"네? 그게 무슨 말씀이세요?"

"자기가 알아서 하겠다고 고집을 부리는 걸 보니까 말이다. 하하하! 네가 요리를 배우면 아주 창의성 있는 독특한 음식을 만들어 내는 요리사가 될 게야."

할아버지는 진짜로 흐뭇한 얼굴을 하고 있었다. 요리 재료를 몽땅 바닥에 쏟아버린 판국에 이게 도대체 무슨 말일까? 혹시 정말 칭찬일까? 아니면 빙 돌려서 야단치시는 걸까? 나는 할아버지 눈치를 흘끔흘끔 보며 채소들을 물에 살살 헹궜다. 한 번 씻어 놓은 걸 또 씻으면 좀 맹맹하겠지만 어쩌겠는가? 아까운 재료를 버릴 수도 없을뿐더러 오늘은 기필코 부야베스를 만들어야만 했다!

그날 우리는 한밤중이 되어서야 부야베스를 맛볼 수 있었다.

요리 역사의 전환점이 된 프랑스 대혁명

프랑스 레스토랑

1789년, 프랑스에서는 대혁명이 일어났어요. 억압 받는 민중들이 들고 일어나 부패한 왕을 몰아낸 것이에요. 바로 이 즈음이 프랑스 요리에 큰 변화가 일어난 시기라는 게 우연은 아니랍니다.

세계 첫 '레스토랑'이 1782년 프랑스에서 문을 열었어요. 그때까지만 해도 빵 가게에서는 빵만 팔고, 술집에서는 술만 팔고, 치즈 가게에서는 치즈만 팔았어요. 손님들의 주문에 따라 여러 가지 요리를 만들어 파는 레스토랑은 1700년대 말에야 처음 생겨난 것이지요. 먹고살기 바빠서 특별한 요리 같은 건 생각지도 못한 민중들이, 혁명을 이루고 나서 자유와 행복에 좀 더 관심을 기울이면서 차츰 먹는 일에도 수준이 높아진 거예요.

또한 혁명이 일어나자 귀족을 위해 요리하던 많은 요리사들이 일자리를 잃고 말았어요. 그 요리사들이 식당을 열어 음식을 만들어 팔았지요. 보기도 좋고 맛도 좋은 세련된 요리들이 쏟아져 나왔어요. 요리사들은 요리책을 펴내기도 했어요.

그러나 평범한 사람들은 그때까지 레스토랑에서 파는 세련된 요리를 먹어 보지 않아서 어떻게 즐겨야 할지 잘 몰랐어요. 그런 사람들을 위해 음식을 먼저 먹어 보고 평가하고 소개하는 '음식 비평가'와 맛있는 요리를 찾아다니면서 먹는 '미식가'가 생겨났어요. 음식 비평가와 미식가들은 여러 레스토랑을 돌며 음식을 먹어 보고, 레스토랑의 위생과 요리 수준을 평가하고, 식사 예절도 이끌어 갔답니다.

프랑스 음식을 대표하는 달팽이 요리

요리에 혁명을 일으킨 요리사, 앙토넹 카렘

프랑스 혁명이 일어난 뒤, 프랑스 요리를 세계 으뜸으로 끌어올린 요리사가 있었어요. 앙토넹 카렘이에요. 카렘은 파리의 한 가난한 집에서 태어났어요. 처음엔 술집에서 허드렛일을 하고, 그다음에는 배달 음식점에서 일을 하며 요리를 배웠어요.

카렘은 한 귀족 집안의 요리사가 되고부터 뛰어난 요리사로 이름을 날렸어요. 러시아 왕과 영국 왕의 요리사로 일하기도 했지요. 카렘은 수많은 연회를 이끄는 주방장으로 일하는 한편, 여러 권의 요리책을 써서 남겼어요. '삼총사'를 지은 19세기 프랑스 소설가 뒤마는 카렘을 이렇게 말했어요.

"카렘은 시인이었다. 요리를 다른 예술과 같은 수준의 높은 경지로 끌어올렸다."

네 발 달린 건 책상 빼고 다 먹지
세계의 음식

아침 햇살이 창으로 쏟아져 들어왔다. 나는 침대에서 뒹굴며 잔뜩 게으름을 피우고 있었다. 귀에는 엠피스리 이어폰을 꽂고 있었다. 겨울날 따뜻한 방 안, 아침 햇살이 빛나는 침대, 그리고 내가 좋아하는 음악. 아아, 정말 천국에서 보내는 시간이었다. 나는 기분 좋은 고양이처럼 가르릉거리며 이불 속을 굴러다녔다.

그때 방문이 벌컥 열리더니 할아버지가 은발을 휘날리며 방으로 뛰어 들어왔다.

"……."

할아버지가 뭐라고 말을 하는 것 같은데 나한테는 들리지가 않았다. 나는 누운 채로 눈만 껌벅거렸다. 그러자 할아버지가 냉큼 다가와 내 귀에서 이어폰을 잡아 뺐다.

"무슨 음악을 그렇게 크게 들어? 할아버지가 물어도 대답도 않고!"

그제야 나는 음악 소리 때문에 할아버지 말을 못 들었다는 걸 깨달았다.

"아, 죄송해요. 뭐라고 그러셨어요?"

나는 얼른 되물었다. 빨리 대화를 끝내고 다시 이어폰을 꽂고 싶은 마음뿐이었다.

"내일모레가 네 생일이라며?"

할아버지가 말했다. 할아버지의 두 눈이 반짝반짝 빛났다.

"내일모레면……, 1월 24일이니까 제 생일 맞네요."

달력을 흘끗 보니 내 생일에 빨간 동그라미가 그려져 있는 게 보였다. 이런! 내 생일도 잊어버리고 있었네. 할아버지 아니었으면 나 혼자 음악 친국에 빠져서 영원히 시간 가는 줄 모를 뻔했다. 나는 벌떡 일어나 앉았다.

"근데 어떻게 아셨어요?"

"네 엄마가 전화를 했더구나. 생일 좀 챙겨 주라고. 네 엄마는 뭐 미역국이나 한 그릇 끓여 주라고 했다만, 요리사 할아버지가 그렇게 해 줄 수는 없지!"

"그럼요?"

"세상에서 가장 멋진 생일 파티를 열어 주마! 네 친구들 모두 집으로 초대해라."

할아버지가 두 주먹을 불끈 쥐어

보이며 말했다.

"네? 집에서 생일 파티를요? 어유, 그런 건 3학년 때부터 아무도 안 해요. 저학년 꼬맹이들이나 하는 거라고요."

"무슨 소리냐? 생일 파티는 어른도 하고 늙은이도 하는 건데, 꼬맹이들이나 하는 거라니? 그럼 너희는 뭘 하는데?"

"친구들 만나서 영화도 보고 쇼핑도 할 거예요. 전 곧 5학년이라니까요."

나는 꼭 그런 걸 말로 해야 아느냐는 뜻으로 얼굴을 살짝 찌푸렸다.

"그래. 너 하고 싶은 대로 영화도 보고 쇼핑도 해라. 그렇지만 생일 파티를 안 한다는 건 말도 안 된다. 더구나 집에 나처럼 훌륭한 요리사가 있을 땐 말이지. 가만 있자, 내일모레 파티를 열려면 차림도 얼른 정해야 하고, 어떤 케이크를 만들지도 생각해 봐야겠구나."

할아버지는 팔짱을 끼고 방을 왔다 갔다 하며 생각에 잠겼다. 벌써부터 파티 준비에 들어가신 것 같았다. 엄마 같으면 귀찮아서라도 생일 파티를 열어 주겠다는 이야기는 안 할 텐데, 할아버지는 파티 생각만 해도 신이 나는 모양이었다. 걸음걸음에 활기가 넘쳤다. 나는 할아버지가 반드시 파티를 준비할 거라는 걸 잘 알고 있었다. 할아버지더러 요리를 하지 말라는 말은 나보고 음악을 듣지 말라는 말과 똑같다. 그러고 보니 내가 할아버지와 같이 지낸 지도 어느새 한 달이 다 되었다.

"휴, 알았어요. 그럼 친구들을 초대할게요. 근데, 저 친구 많은데 괜찮으세요? 음식 준비도 진짜 많이 해야 할 텐데."

"걱정 마라. 할아버지는 두바이 왕족의 피로연도 치러 본 적이 있는 사람이다. 백 사람이 넘게 와도 거뜬하단다."

할아버지가 팔소매를 걷어붙이며 말했다.

"좋아요. 후회하지 마세요."

나는 씩 하고 웃음을 흘리며 휴대전화를 찾았다. 할아버지는 다시 은발을 휘날리며 방을 나갔다. 통탕거리면서 집안을 돌아다니는 소리며 냉장고 여닫는 소리가 들려왔다.

휴대전화로 단체 문자를 보냈다. 우리 반 비상 연락망에 있는 전화번호를 모두 입력했다. 그것도 모자라서 다른 반 친구들 가운데 친한 아이들한테도 문자를 보내고, 학원 친구들한테도 보냈다. 사실 내가 꼭 초대하고 싶은 아이는 딱 하나뿐이다. 나랑 똑같이 힙합에 빠져 있는 우리 반 남자아이 이현수다. 현수한테는 남들과 달리 멀티 메일을 보냈다. 현수만 달랑 부르면 너무 속이 뻔히 들여다보일까 봐 내가 아는 애들을 몽땅 초대한 것이다. 문자를 다 보내고 헤아려 보니 초대한 애들이 쉰 명이 넘었다. 내가 좀 너무했나? 하지만 파티를 열어 주겠다고 한 건 할아버지니까 아무 말도 못 하시겠지.

문자 초대장을 다 보낸 뒤, 나는 다시 이어폰을 귀에 꽂고 나만의 음악 세계로 돌아갔다.

이틀 동안 할아버지는 무척이나 신이 나 보였다. 어디서 그런 힘이 나는지 시장에 가서 음식 재료를 산더미처럼 사 들고 왔고, 그 많은 재료를 씻고 다듬고 잘 정리해 두었다. 파티 전날은 아침부터 밤까지 칼질하는 소리가 끊이질 않았다. 불 위에서는 무언가 끊임없이 부글부글 끓고 있었다. 할아버지는 쉬지 않고 삶고 데치고 굽고 튀기고 지지고 볶고 무치고 버무렸다. 내가 도와드리겠다고 해도 마다하고 할아버지 혼자서 다 했다. 나는 부엌에 발도 못 들여놓게 했다.

"이건 네 생일 파티잖아. 나 혼자 해도 충분하다. 넌 방에 들어가 쉬어라."

말씀은 이렇게 하시지만, 아무래도 지난번 부야베스 사건 때문에 나를 못 믿으시는 것 같았다.

"그럼 전 파티 장식이나 할게요. 그렇다고 뭐, 꼬맹이들처럼 풍선 달고 그럴 건 아니지만."

"그래, 그게 좋겠다. 거실을 파티 분위기로 꾸며 보렴."

할아버지는 내 등을 떠밀다시피 했다. 나는 거실을 둘러보며 곰곰이 생각했다. 어떻게 하면 안

유치하게 멋진 파티 분위기로 꾸밀 수 있을까? 풍선은 달지 않겠다고 했는데, 사실 머릿속에 떠오르는 건 풍선밖에 없었다.

"그럴 순 없지. 5학년이나 되어서 풍선 장식은 말도 안 되지!"

나는 2학년 때까지의 생일 파티를 머릿속에서 싹싹 지워 버렸다. 그 대신 영화에서 본 파티 장면 같은 것들을 애써 기억해 보았다. 드레스를 입은 늘씬한 배우들이 와인 잔을 들고 서 있는 모습이 떠올랐다. 하지만 그건 어른들의 파티였다. 우리한테 드레스가 있을 리도 없고, 우리가 와인을 마실 수도 없다.

그때 갑자기 좋은 생각이 떠올랐다. 나의 개성을 잘 살리면서도 현수힌데 감동을 줄 수 있는 방법이 있었다. 그건 바로 우리가 좋아하는 힙합 가수들의 사진으로 벽을 장식하는 것! 방으로 뛰어 들어가 포스터와 사진, 가위와 투명 테이프를 들고 나오는데 가슴이 마구 뛰었다.

"그리고 힙합 음악도 틀어 놓아야지. 아아, 정말 십대들의 파티처럼 보이겠는데?"

이제는 나도 파티가 기대되었다.

마침내 그 시간이 다가왔다. 파티는 애들 학원이 끝나는 점심때 하기로 했다. 나는 영어 학원이 끝나자마자 부리나케 집으로 달려왔다. 다른 아이들보다 먼저 와서 준비할 시간이 필요했다.

"은하 왔구나. 휴, 이제 막 준비가 끝났다. 친구들은 언제 오냐?"

할아버지가 활짝 웃으며 문을 열어 주었다. 할아버지의 이마에는 땀이 송송 맺혀 있었다.

"이제 조금 있으면 애들이 올 거예요. 근데 할아버지는 파티하는 동안 어디 가 계실 거예요?"

나는 내 방으로 급히 들어가며 물었다.

"뭐? 가긴 어딜 가? 너희랑 같이 놀아야지."

"예? 말도 안 돼요! 할아버지가 같이 계실 거라고요?"

"그럼 난 빠지라고? 싫다! 네 생일 파티인데 할아버지인 나도 참석해야지."

"할아버지가 계시면 애들이 편하게 못 놀잖아요!"

"편하게 놀아라. 왜 못 노냐? 내가 뭐 선생님이라도 되냐?"

나는 할아버지를 빤히 바라보았다. 할아버지는 결코 물러설 태세가 아니었다. 나는 한숨을 푹 내쉬었다.

"옷부터 좀 갈아입을게요."

할아버지를 밀어내고 방문을 닫았다.

친구들과 할아버지가 함께하는 생일 파티라니, 그런 건 어디서도 들어본 적

이 없었다. 그렇지만 꼭 참석하겠다는 할아버지를 쫓아낼 수도 없었다. 어쨌거나 이 파티를 준비한 사람은 할아버지였다. 이틀 동안 요리하느라 눈코 뜰 새 없이 바빴던 할아버지를 나가라고 한다면, 나는 정말 나쁜 아이일 것이다. 그렇긴 해도 할아버지랑 같이 놀아야 한다고 생각하니 자꾸만 한숨이 나오는 건 어쩔 수 없었다.

"하는 수 없지, 뭐. 엄마가 있는 것보다는 나을 거야."

나는 옷을 갈아입고 거실로 나왔다. 순간 나의 두 눈은 휘둥그레졌다. 그리고 입이 딱 벌어져 아무 말도 할 수 없었다.

거실과 부엌 곳곳에 파티 테이블이 놓여 있었다. 테이블 위에는 산더미 같은 음식들이 손님을 기다리고 있었. 테이블마다 서로 다른 국기가 꽂혀 있었다. 크루아상과 콩소메 앞에는 프랑스 국기가, 피자와 파스타 앞에는 이탈리아 국기가, 소시지와 햄 앞에는 독일 국기가, 북경 오리

구이와 딤섬 앞에는 중국 국기가 꽂혀 있었다. 김치와 갈비구이 앞에는 태극기가 보였다. 그 밖에도 내가 이름도 모르는 수많은 요리와 국기들이 있었다. 후식 테이블에는 온갖 과일과 아이스크림이 탑을 이루고 있었다. 물론 세상에서 가장 맛있는 할바도 있었다. 이건 생일 파티 요리라기보다는 세계 요리 잔치였다.

"우아! 이게 다 뭐예요?"

나는 간신히 입을 움직여 말했다.

"뭐긴 뭐냐? 네 생일 파티 음식이지."

할아버지가 조금 뾰로통한 얼굴로 대꾸했다.

"이 많은 걸 정말 할아버지 혼자 다 만드신 거예요?"

"당연하지. 할아버지는 으뜸 요리사 아니냐?"

나는 할아버지한테 다가가 두 팔로 할아버지를 꼭 껴안았다.

"할아버지, 정말 고마워요. 그리고 할아버지한테 나가라고 해서 죄송해요. 생각 없이 그냥 한 말이에요. 할아버지도 저희랑 같이 놀아요. 근데 할아버지, 친구들한테 잔소리는 하지 말아 주세요, 네?"

"하하! 그럼 허락하는 거냐? 잔소리는 무슨 잔소리. 난 구석에 가만히 앉아 있으마."

할아버지는 싱글벙글 웃으며 말했다.

그때 초인종이 울렸다. 이어서 와글와글하는 소리가 들려왔다. 드디어 아이들이 온 모양이었다. 나는 얼른 문 앞으로 달려갔다. 문을 열자마자 아이들이 물밀듯이 쏟아져 들어왔다.

"은하야, 생일 축하해!"

"안녕? 맛있는 거 많이 차렸어?"

"생일 축하한다!"

"근데 웬 애들을 이렇게 많이 초대했냐? 나만 초대하지."

"우아! 저기 좀 봐. 음식이 진짜 많아!"

"끝내 줘! 온 세계 음식이 다 있어."

아이들은 서로 마구 밀치며 거실로 뛰어들었다. 애고, 내가 애들을 너무 많이 초대하긴 한 모양이었다. 아이들이 끝도 없이 들어왔다. 집 안은 순

식간에 길거리처럼 소란스러워졌다. 거실과 부엌이 사람들로 꽉 차서 발 디딜 틈도 없었다. 아니 근데, 저 꼬맹이는 대체 누구지? 누가 동생까지 데려온 거야? 벌써부터 음식을 집어 들고 허겁지겁 먹는 애들도 있었다. 난장판이 따로 없었다.

"어서들 와라! 우리 은하 생일 파티에 와 줘서 고맙다. 모두들 실컷 먹고 재미있게 놀다 가렴. 하하하! 근데, 은하 너 친구 정말 많구나? 내가 음식을 넉넉하게 했으니 다행이지."

할아버지는 흥분한 얼굴로 내 친구들을 맞이했다. 마치 할아버지가 생일을 맞은 사람 같았다.

"아! 은하 할아버지, 안녕하세요?"

"우아! 은하 할아버지 진짜 멋지다!"

"긴 머리야!"

"패션도 끝내줘. 할아버지 같지가 않아."

흠, 가만 보니 할아버지는 꽃무늬 셔츠에 멜빵바지를 입고 계셨다. 머리 모양은 물론 은발 꽁지머리. 우리 할아버지의 패션 감각이야 남다르지, 남다르고말고. 할아버지는 아이들의 인사가 마음에 들었는지 입이 귀에 걸렸다.

나는 거실과 부엌을 가득 메운 아이들 사이를 두리번거렸다. 현수는 어디 있는 거지? 발에 채이고 걸리는 아이들 사이를 비집고 다닌 끝에, 마침내 현수를 찾았다. 그런데 현수 옆에는 작은 여자아이가 현수의 손을 꼭 붙잡고 서 있었다.

"어, 은하야. 생일 축하해."

현수가 웃었다.

"고마워."

나도 상큼하게 웃어 주었다.

"참, 얘는 내 동생이야. 집에 아무도 없어서 혼자 놔두고 오기가 좀 그래서……."

"잘했어. 어머, 네 동생 정말 예쁘다."

나는 마음에도 없는 소리를 잘도 했다. 누가 도대체 꼬맹이를 데리고 왔나 했더니, 그게 바로 다름 아닌 현수였군. 나는 현수가 잠깐 딴 데 바라볼 때 현수 동생한테 눈을 부라렸다. 넌 여기 왜 왔어? 하는 뜻이었다.

"자, 모두들 여기 좀 봐 주세요! 생일 케이크가 나갑니다!"

부엌 안쪽에서 할아버지 목소리가 들렸다. 그러더니 바닷물이 갈라지듯 아이들이 반으로 쫙 갈라졌다. 그 사이로 커다란 생일 케이크가 걸어 나왔다. 오오! 정말 엄청나게 큰 케이크였다. 케이크는 무대 위에서 마이크를 들고 노래를 부르는 여자 모양이었다. 게다가 케이크

인형은 아주 날씬했다. 저건 틀림없이 먼 훗날 나의 모습이겠지!

나는 너무 기뻐서 말을 할 수가 없었다. 다행히 친구들이 나 대신 감탄을 쏟아 냈다.

"엄청난 케이크야!"

"가수가 된 은하 인형이야!"

"특별히 주문했나 봐?"

"아니, 은하 할아버지가 만드셨을 거야. 은하 할아버지는 다른 나라에서도 알아주는 요리사라고 했어."

"정말? 그럼 음식도 엄청 맛있겠네?"

"어쩐지 그냥 보기만 해도 뭔가 좀 다르더라."

"얼른 생일 노래 부르고 촛불 끄자. 배고파 죽겠어!"

"맞아. 빨리 먹고 싶어."

그렇게 해서 아이들 오십 명이 서둘러 생일 노래를 불렀다. 어마어마한 합창이었다. 옆집에서 경찰서에 신고라도 하지 않을까 걱정이 되었다. 하지만 그런 걱정을 하고 있을 틈이 없었다. 아이들은 내 등을 떠밀며 어서 촛불을 끄라고 난리였다. 나는 한숨에 촛불을 껐다. 어지러웠다. 이게 내 생일 파티야, 할아버지 생일 파티야?

"할아버지, 이건 어느 나라 음식이에요?"

"그건 터키의 케밥이야. 시쉬케밥이지. 터키에는 케

밥이 여러 종류가 있단다."

"이 음식은 뭐로 만든 거예요? 새 모양이네요?"

"하하! 그건 봉황 모양으로 멋을 부린 중국 냉채 요리란다. 오리 알, 해파리, 돼지고기, 해삼, 목이버섯, 수삼……. 육해공군이 다 들어갔지."

"육해공군이요?"

"육지에 사는 동물의 고기와 채소, 바다의 해산물, 하늘을 나는 새를 모두 다 재료로 썼단 말이다."

"어마어마하네요!"

"중국 사람들은 날개 달린 건 비행기 빼고, 네 발 달린 건 책상 빼고는 다 먹는다는 말도 있지. 그만큼 음식 재료가 아주 많은 나라가 바로 중국이란다."

"비행기랑 책상만 빼고는 다 먹는다고요? 우하하!"

이쯤 되면 이 파티는 할아버지 생일 파티가 틀림없다고 말해야 할 거다. 나는 조용히 뒤에 서서 할아버지와 아이들의 대화를 듣고 구경했다. 손님이 너무 많아서 집은 비좁아 터질 것 같았지만 음식은 조금도 모자라지 않았다. 할아버지는 마치 이럴 줄 짐작이라도 한 것처럼 음식을 넉넉히 준비해 두셨다. 아이들은 배가 터지도록 먹어 댔고, 이건 무슨 요리냐 저건 어느 나라 요리냐, 하며 끊임없이 물음을 쏟아 내며 할아버지를 기쁘게 했다.

점심을 다 먹고 나서도 파티의 주인은 바뀌지 않았다. 다른 아이들과 마찬가지로 나는 맛있는 것들을 너무 먹어서 숨도 제대로 쉴 수 없었다. 아이들도 다들 배가 부른지 늘어져 앉아 있기만 했다. 가뿐한 몸으로 뛰어 다니는 사람은 오직 할아버지뿐이었다. 할아버지는 친구들 사이를 누비고 다니며 말을 걸고 이런저런 놀이를 하자고 부추겼다.

"할아버지, 조금만 쉬었다 가요."

"좋아. 그럼 우리 음악이라도 들을까?"

그다음 일들은 상상에 맡기겠다. 다만 힙합 노래를 틀자 가장 신나게 춤을 춘 사람이 우리 할아버지였다는 것만 말해 두겠다.

세계 여러 나라의 요리 ①

프랑스 마르세유 지방의 대표 요리로 부야베스가 있어요. 생선과 해물을 넣어 끓인 국물 요리예요. 마늘과 샤프란으로 맛을 내요. 프랑스에는 여러 가지 소스가 발달했어요. 요리마다 그에 딱 맞는 소스를 쓰는데, 소스의 종류가 자그마치 천 가지가 넘는다고 해요. 프랑스 사람들의 식사에는 와인이 빠지지 않아요. 요리에도 와인을 자주 넣지요. 코코뱅은 닭고기에 레드와인을 넣어 끓인 요리예요.

부야베스

파스타

이탈리아 이탈리아는 파스타가 널리 알려져 있어요. 파스타는 스파게티를 비롯해 밀가루로 만든 여러 가지 면 종류를 말하지요. 토마토소스나 크림 소스, 올리브유와 같은 여러 가지 소스를 끼얹어 먹어요. 이탈리아 요리 하면 피자도 빠질 수 없지요. 다양한 재료를 올려 만든 가지가지 피자가 있어요. 북부 이탈리아에서는 쌀에 국물을 넣어 조린 리조토도 많이 먹어요.

중국 수많은 민족이 모여 사는 중국에는 지역마다 독특한 요리가 있어요. 북경에서 이름난 요리는 북경 오리구이예요. 광동에는 만두와 딤섬이 이름 높지요. 매운 음식을 좋아하는 사천 지방에는 매운 양념에 졸인 마파두부가 있어요. 차오판이라고 하는 볶음밥은 중국 여러 곳에 널리 퍼져 있어요. 볶음국수와 탕면도 즐겨 먹지요.

북경 오리구이

카레

인도 인도는 향신료가 무척 발달했어요. 카레라는 이름으로 알려진 커리는 채소나 고기에 여러 가지 향신료를 넣어 끓인 국물요리이지요. 들어가는 재료에 따라 여러 종류의 커리가 있어요. 콩을 갈아 푹 끓인 국물인 달이라는 요리도 인도 사람들이 날마다 먹는 음식이에요. 둥근 빵 대신 납작하게 구운 빵인 난과 함께 먹어요.

멕시코 멕시코 사람들은 옥수수 가루로 빈대떡처럼 넓적하게 만든 토르티야를 먹어요. 그 안에 여러 가지 재료를 넣어 싸서 먹지요. 살사는 고추, 토마토, 양파 따위를 잘게 갈아 넣은 매콤한 소스예요. 입맛을 돋우는 데 그만이지요. 고기와 채소를 토르티야에 싸서 살사에 흠뻑 적신 뒤 치즈를 올린 엔칠라다라는 요리도 있어요.

토르티야

생선도 손님도 사흘이면 악취를 풍긴다

잘 먹는다는 것

　겨울 방학도 이제 이틀밖에 안 남았다. 영어 학원에 가려고 집을 나서니 찬바람에 코가 깨지는 것 같았다. 아직도 이렇게 추운데 겨울 방학이 끝난다니 믿어지지가 않았다. 나는 목도리를 꼭꼭 여미고 학원으로 발걸음을 서둘렀다.

　"은하야!"

　뒤에서 누가 날 불렀다. 뒤를 돌아보려는데, 목도리를 하도 여러 번 둘러서 고개를 돌리기도 쉽지 않았다. 나는 로봇처럼 뻣뻣한 목을 천천히 돌렸다.

　"아, 현수야!"

　현수가 내 쪽으로 헐레벌떡 뛰어오고 있었다.

　"오늘도 되게 춥다. 영어 학원 가는 길이지? 같이 가자."

　"응."

　기분이 좋아 저절로 웃음이 나왔다. 현수랑 나란히 걸으니까 얼굴에 열이 올라 추위도 별로 안 느껴졌다.

"지난번 네 생일 파티, 진짜 재미있었어. 음식들이 정말 맛있더라. 할아버지가 요리사라며?"

현수가 물었다.

"응. 우리나라보다 다른 나라에서 더 이름난 요리사시래."

"그날은 정말 배 터지게 먹었다. 내 동생도 너무 많이 먹어서 집에 갈 때 잘 걷지도 못하더라니까. 하하하!"

동생? 아아, 그 얄밉게 생긴 여자애? 나는 잠시 그 애를 떠올리느라 현수 말에 대꾸를 하지 못했다. 그랬더니 현수가 말을 이었다.

"넌 겨울 방학 내내 그렇게 맛있는 걸 먹었겠네?"

"어? 응, 맞아. 날마다 세계 요리들을 먹었지."

그러고 보니 이번 겨울 방학 동안 온통 먹은 기억밖에 없었다. 머릿속으로 할아버지가 해 주신 온갖 맛있는 요리들이 줄을 지어 지나갔다. 세계 요리 사전을 만들어도 될 것 같았다. 아무튼 생일 파티가 지나고 나면 현수와 힙합 이야기를 나누는 특별한 사이가 될 줄 알았는데, 이건 뭐 줄곧 먹는 얘기만 하고 있었다. 할아버지의 힘은 여전했다.

"그래서 네가 살이 쪘구나?"

"뭐?"

나는 깜짝 놀라 걸음을 멈췄다. 심장이 그대로 차갑게 얼어붙는 것 같았다.

"살이……, 쪘다고?"

"응. 몰랐어? 너 겨울 방학 동안 살쪘어. 지금 곰 인형처럼 뒤뚱거리며 걷고 있잖아."

아, 현수는 정말 놀라운 아이다. 그런 말을 여자애한테 아무렇지도 않게 하다니! 그렇다고 다른 남자애들처럼 놀리는 말투도 아니었다. 그냥 너무 당연한 이야기를 한다는 것처럼 얼굴도 태연했다.

"아니야! 옷을 많이 껴입어서 그런 거야. 오, 오늘 날씨가 춥잖아!"

나는 팔을 마구 휘저으며 변명했다. 당황스러운 나머지 아무 말이나 지껄였다. 진짜로 옷을 많이 껴입긴 했지만, 꼭 그것 때문에 뚱뚱해 보이는 것만은 아니라는 걸 나 자신도 알고 있었다. 오늘 아침에

바지를 입으려는데 바지가 꽉 끼어서 지퍼를 잠그는 데만 십 분이 걸렸다. 체중계를 침대 밑에 처박아버린 지 오래여서 한동안 몸무게를 재 보진 않았지만, 살이 찐 건 틀림없었다. 하지만 애써 모른 척하고 싶던 사실을 내가 좋아하는 남자애한테서 들어야 하다니! 나는 그만 주저앉아 울고 싶어졌다.

"그래? 근데 얼굴도 좀 동그래진 것 같은데? 아무튼 귀여워졌어."

현수는 밝게 웃으며 말했다.

귀여워졌다고까지 말하는 걸 보면 현수가 꼭 나를 흉보려는 것 같지는 않았다. 하지만 내 마음은 벌써 현수의 밝은 얼굴을 떠나 어두운 동굴 속으로 한없이 숨고 있었다. 목도리로 얼굴을 반이나 가리고 있는데도 얼굴이 동그래졌다고 하다니.

"뭐 어때? 살 좀 찌면. 우리가 연예인도 아닌데."

굳은 내 얼굴을 보고 현수가 위로한답시고 한 말이었다. 그 말에 나는 더욱 소스라치게 놀랐다.

'아니야! 난 연예인이 될 거야. 몇 년 있으면 가수가 될 거란 말이야. 살찌면 안 돼! 아, 모든 게 할아버지 때문이야!'

나는 마음속으로 부르짖었다. 두 주먹을 불끈 쥐었다. 안 되겠다! 다시 할아버지와 전쟁을 해야 했다. 겨울 방학 동안 내가 뚱뚱해진 건 모두 할아버지 때문이다. 내가 다이어트를 하려고만 하면 할아버지는 온갖 감언이설과 화려한 음식 냄새로 나를 방해했다.

"내일모레면 벌써 방학이 끝나다니, 아쉽다. 스키장에도 한 번밖에 못 갔는데……."

현수는 어느새 다른 이야기를 꺼냈다. 그러나 내 귀에는 들어오지 않았다. 나는 새로운 다이어트 계획을 세우느라 바빴다. 어떻게 하면 할아버지의 방해 공작을 피해갈 수 있을까?

학원이 끝나자마자 나는 총알같이 집으로 갔다. 뚱뚱한 몸으로 거리를 돌아다니고 싶지는 않았다. 얼른 집으로 돌아가 다이어트 대작전을 다시 짜야 했다. 이번엔 좀 새로운 방법을 시도해 보기로 했다. 가장 이기기 힘든 게 음식 냄새니까 코마개를 써 볼 생각이었다. 어떤 코마개를 해야 숨 쉬는 데는 지장이 없으면서도 냄새는 잘 막을 수 있을까? 혹시 새로 나온 깜짝 다이어트 방법은 없을까? 내 머리는 바쁘게 돌아갔다.

"다녀왔습니다!"

문을 열고 들어간 나는 부엌 쪽에는 눈길도 안 주고 내 방으로 곧장 들어갔다. 방에 들어가서는 코트를 벗고 곧바로 컴퓨터 앞에 앉았다. 부팅이 되길 기다리는 동안 침대 밑에 처박아 놓은 체중계를 꺼내서 몸무게를 재 볼까 말까 망설이고 있는데, 방문이 벌컥 열렸다.

"은하야!"

아니, 이게 웬일인가? 엄마였다. 엄마가 집에 와 있으리라고는 생각도 못했다.

"엄마! 언제 왔어?"

"좀 전에 왔지. 그동안 잘 지냈어?"

엄마는 환하게 웃으며 다가와 나를 덥석 끌어안았다.

"우아, 진짜 오랜만이다! 이제 해외 연수는 다 끝난 거야?"

나도 환하게 웃었다. 오랜만에 엄마를 만나니 무척 반가웠다.

"그래. 네 덕분에 잘 끝났어. 엄마 잘하면 승진할지도 몰라. 연수 받는 동안 엄마가 정말 잘했거든. 근데 캐나다란 나라, 진짜 멋지더라! 자연이 정말 훌륭해. 겨울이라서 무지무지 춥긴 했지만. 너도 나중에 크면 꼭 가 보렴. 그나저나 할아버지랑은 잘 지냈지? 어때? 할아버지 음식 솜씨 정말 끝내주지? 생일 파티도 잘했고?"

엄마는 한꺼번에 여러 가지 이야기를 쏟아 냈다. 정신이 하나도 없었다. 그제야 나는 엄마가 돌아왔다는 게 실감이 났다.

"어머! 근데 은하 너 살쪘다? 동글동글한데? 하하하! 다이어트 한다고 잘난 척하더니 이제 포기했구나. 하긴 할아버지랑 같이 살면서 다이어트를 하긴 힘들지."

역시 엄마였다. 거리낌 없이 마구 나를 놀려 댔다. 현수가 이야기했을 때만큼 충격은 아니지만, 그래도 속이 상하기는 마찬가지였다.

"아, 이게 다 할아버지 때문이라니까! 날마다 특급 요리를 만들어 주시니 피할 수가 있어야지. 하지만 더는 안 돼! 내일모레면 개학이 잖아. 뚱뚱한 몸으로 학교에 갈 수는 없어. 할아버지와 다시 전쟁을 해야겠어!"

나는 부엌 쪽으로 눈길을 돌리며 말했다.

"다시 전쟁을 한다고? 그럼 전에도 할아버지랑 전쟁을 해 봤다는 얘기야? 녀석도, 참. 할아버지하고 싸울 수 있는 사람은 아무도 없는 데……. 그나저나 아쉽게도 이제 할아버지랑 전쟁은 할 수 없겠다."

"왜? 난 할 수 있어. 전에도 해 봤다고. 두 끼나 안 먹은 적도 있다 니까!"

나는 흥분해서 말했다. 이번에는 꼭 전쟁에서 이기겠노라고 마음 단단히 먹은 참이었다.

"그게 아니라, 할아버지는 벌써 떠나셨 거든."

엄마가 두 손을 팔랑거리며 말했다. 비행기를 타고 날아가는 모양을 흉 내 내는 것 같았다.

"뭐? 떠나셨다고? 어디로?"

이게 도대체 무슨 말인가?

할아버지가 떠나셨다니? 오늘 아침까지도 나한테 아무 말씀도 안 하셨는데.

"베트남으로 가셨어. 동남아시아를 돌면서 발효 음식을 연구하시겠대. 베트남에는 누옥 맘이라는 생선 절임 음식이 있거든. 우리나라 젓갈 비슷한 거래. 이탈리아에는 앤초비가……."

"엄마, 잠깐! 그래서 할아버지가 아주 가셨다는 거야?"

"응. 이제 엄마가 돌아왔잖아. 그러니까 할아버지는 다시 자유를 되찾으신 거지."

나는 갑자기 할 말이 없어졌다. 아마 나는 할아버지가 나랑 영영 같이 살 거라고 막연히 착각을 하고 있었나 보다. 엄마가 오면 할아버지가 떠나실 거라는 생각은 해 본 적이 없었다. 한 달이 넘게 할아버지와 단 둘이 살아왔는데, 얼마나 많은 밥을 함께 먹어왔는데, 이렇게 한마디 말도 없이 떠나버리다니. 나는 믿을 수가 없었다.

"참, 할아버지가 너한테 편지를 남기신 것 같더라. 식탁에 있어. 난 이제 텔레비전이나 좀 봐야겠다. 그동안 드라마를 못 봤더니 밥 먹고 커피를 안 마신 것처럼 섭섭하더라."

엄마는 거실 소파에 걸터앉아 텔레비전을 켰다. 나는 부엌으로 갔다. 할아버지가 없는 부엌은 어쩐지 휑하게 느껴졌다. 식탁 위에 편지 봉투가 덜렁 놓여 있었다. 겉봉에 내 이름이 쓰여 있었다. 나는 내 방으로 돌아와 천천히 편지를 뜯었다.

사랑하는 손녀딸, 은하 보아라.

　인사도 못하고 떠나서 미안하구나. 오늘 갑자기 싼 비행기 표가 나왔다는 연락이 와서 급히 짐을 꾸렸다. 네 엄마가 오늘 온다고 했으니 기회가 왔을 때 얼른 떠나는 게 낫겠다 싶었다. '생선도 손님도 사흘이면 악취를 풍긴다.'고 했는데, 내가 여기 너무 오래 머무른 것 같기도 해서 말이다. 싱싱함이 떨어지잖아. 하하하!

　사실 할아버지는 수십 년 동안 떠돌이 삶을 살다 보니, 한 곳에 너무 오래 머무르면 좀이 쑤신단다. 빨리 새로운 곳으로 떠나고 싶어서 몸이 들썩들썩하지.

　그동안 은하랑 함께 살아서 정말 행복했단다. 예쁜 은하한테 맛있는 걸 해 주는 일이 얼마나 즐거웠던지. 다음에도 기회가 있으면 꼭 같이 살면 좋겠구나. 네 엄마더러 또 출장을 가라고 할까?

　할아버지가 은하한테 꼭 해 주고 싶은 말은, 절대로 다이어트 한다고 밥을 굶지 말라는 거다. 사람은 밥으로 사는 거야. 밥을 굶어서는 아무것도 할 수 없단다. 그 대신에 아무거나 막 먹어서는 안 되지. 좋은 음식을 잘 먹어야 해.

　그동안 할아버지가 해 준 음식들은 하나같이 몸에 좋은 것들이란다. 싱싱한 재료로 정성을 들여 만들었으니까 말이야. 영양소도 골고루 들어 있지. 먹으면 살만 뒤룩뒤룩 찌고 건강은 해치는 패스트푸드와는 정말 다르단다.

  너는 살이 쪘다고 아우성이지만, 내 요리를 먹고 찐 살은 복 받은 살이야. 뼈가 되고 피가 되어 줄 살이지. 영양에 균형이 깨져서 생긴 비만하고는 달라! 네 나이 때는 잘 먹어야 키도 쑥쑥 큰단다. 그러니 할아버지를 탓하지 말고 앞으로도 엄마가 해 주는 음식들을 골고루 잘 먹으렴.

  살찔까 봐 걱정하면서 먹지 말고 행복하게 먹어라! 편안한 마음으로, 음식이 되어 준 것들과 요리를 해 준 사람한테 고마움을 느끼며, 그리고 요리를 즐기면서 먹어야 한다.

  잊지 마라. 밥 먹을 땐 황제처럼!

  할아버지는 세계를 마음껏 돌아다니는 행복한 요리사란다. 그러니 언제든 또 만날 수 있단다. 다시 만날 때까지 건강해야 한다.

  그럼 잘 있어라.

  할아버지가.

  추신: 베트남에서 누옥 맘 만들기에 성공하면 너한테 한 통 보내 주마. 기대해라. 메콩 강의 비릿한 향기가 물씬 풍길 거다. 하하하!

　편지를 읽는 사이, 나도 모르게 눈물이 똑똑 떨어졌다. 편지 내용은 하나도 안 슬픈데 이게 웬일이람. 언제나처럼 또 잘 먹으라는 타령뿐인데 말이다. 나는 옷소매로 눈물을 쓱 훔쳤다.

　"쳇, 도망가셨군. 전쟁에서 나한테 질까 봐 꼬리를 감추신 거야. 내가 이번엔 이를 꽉 물고 덤벼들 거라는 걸 어떻게 아셨지? 하여튼 잘됐네. 굳이 전쟁을 안 해도 되게 생겼으니까. 내 몸매의 적이 드디어 사라졌어."

　투덜투덜 말은 그렇게 했지만 가슴속은 이상하게 허전했다. 어쩐지 몹시 배까지 고팠다. 벌써부터 할아버지의 요리가 그리워졌다. 나는 침대에 벌렁 드러누웠다. 멍하니 천장을 보고 있으려니 자꾸만 혼잣말이 나왔다.

"할아버지는 좋겠네. 마음대로 여행하고, 맛있는 음식도 만날 먹고. 나도 나중에 할아버지처럼 요리사나 될까? 그럼 세계 여행도 실컷 하고, 뚱뚱해도 뭐라 할 사람도 없을 텐데……."

그렇게 중얼거리다 화들짝 놀라 정신을 차렸다.

"헉! 내가 무슨 말을? 말도 안 돼! 난 가수가 될 거야. 요리사라니? 얼토당토않은 일이지."

나는 고개를 마구 흔들어 젓고는 엠피스리를 찾았다.

"이렇게 기분이 이상아릇하고 허전할 때는 음악밖에 없지."

그런데 아무리 찾아도 엠피스리가 보이지 않았다. 어디다 뒀는지 좀처럼 기억이 안 났다. 그러고 보니 요 며칠 동안은 통 음악을 멀리 한 것 같다. 여기저기 뒤지다 보니 현기증이 났다.

"아, 배고파……."

나는 한숨처럼 내뱉었다.

"은하야, 점심 먹자!"

때마침 엄마가 부르는 소리가 들렸다. 나는 서둘러 부엌으로 갔다.

"오늘 점심은 뭐야?"

나는 식탁에 앉으며 물었다. 오랜만에 엄마가 만든 음식을 먹겠구나 싶었다. 예전에는 엄마 요리 솜씨도 뛰어나다고 생각했는데, 할아버지 요리를 맛 보고 난 지금은 엄마가 만든 음식을 먹을 생각을 하니 살짝 한숨이 나오려고 했다.

"베트남 쌀국수! 할아버지가 다 만들어 놓고 가셨네?"

엄마가 벙글벙글 웃으며 말했다.

"뭐? 할아버지가?"

"그래. 오늘 점심만이 아니야. 냉장고에 여러 가지 음식을 잔뜩 만들어 놓고 가셨어. 이름표도 다 붙여 놓으셨네. 이건 부야베스, 이건 마파두부, 또 이건 오리구이……. 우아! 우리 둘이 먹으면 한 달도 먹겠다. 아이, 좋아라!"

엄마는 냉장고 여기저기를 들여다보며 박수를 쳤다.

"쯧쯧. 할아버지가 딸을 못 믿으셨나 보네. 손녀딸을 굶길까 봐 걱정이 되셨던 거야."

"내가 언제 너를 굶겼다고 그래? 엄마도 요리 꽤 하는 편이잖아!"

엄마가 샐쭉한 얼굴로 말했다.

"하지만 할아버지랑은 견줄 수가 없지!"

"그야 그렇지만……. 그나저나 너 다이어트 한다고 그러지 않았어? 할아버지랑 전쟁을 하겠다며? 그런데 전쟁은커녕 할아버지가 요리해 놓고 가셨다니까 은근히 좋아한다, 너?"

"점심 먹을 거야, 안 먹을 거야?"

나는 괜히 짜증을 냈다.

"아, 쌀국수 먹어야지. 흠, 엄마는 모처럼 아버지가 만든 요리를 먹어 보네? 이게 얼마만이야? 냄새 좋다!"

엄마는 냄비 뚜껑을 열며 한껏 행복한 얼굴을 했다. 두 눈은 지그시 감고 있었다.

나도 그 기분을 안다. 할아버지 요리는 생각만 해도 행복해지는 요리다. 냄새만 맡아도 따뜻해지는 요리다.

잠시 뒤, 나는 다이어트 따위는 까맣게 잊은 채 후루룩 후루룩 쌀국수를 먹었다.

"역시 할아버지 요리가 으뜸이야!"

"아아, 정말 맛있다! 속이 다 시원해지는데?"

엄마는 그릇째 들고 쌀국수 국물을 들이켰다. 우리는 마주 보고 활짝 웃었다.
'할아버지는 지금쯤 베트남에 내리셨을까? 거기서 쌀국수를 드시고 계실까?'
쌀국수에서 할아버지 냄새가 났다. 사랑하는 사람들을 위해 이마에 땀이 송송 맺히도록 열심히, 그리고 기쁘게 요리를 하는 할아버지의 향기 말이다.

세계 여러 나라의 요리 ②

일본 섬나라답게 초밥이나 회가 발달했고 우동 같은 면 요리도 널리 알려져 있어요. 종류가 매우 다양한 초밥은 맛이 깔끔하고 담백해 서양 사람들도 매우 좋아하는 음식이지요. 우동은 일본을 대표하는 면 음식인데 맛이 담백하고 시원한 느낌이에요. 일본에서는 면을 먹을 때 '후루룩' 소리를 내며 먹어야 하고, 면을 끊어 먹으면 안 된다고 해요.

초밥

케밥

터키 터키는 중국, 프랑스와 함께 요리 잘하는 세계 3대 나라에 꼽혀요. 터키 하면 뭐니 뭐니 해도 케밥이 가장 먼저 떠오르지요. 길다란 쇠꼬챙이에 얇게 썬 양고기나 쇠고기, 닭고기를 꿰어 숯불에 돌리면서 굽는 요리예요. 익은 고기를 길다란 칼로 잘라낸 뒤 토마토, 양배추 같은 여러 가지 채소와 함께 피테(둥근 빈대떡 모양의 터키 빵)에 싸 먹어요. 종류가 300가지가 넘는다고 해요.

태국 태국에서는 세계 3대 요리에 꼽히는 '톰양쿵(Tom Yam Kung)'을 꼭 맛봐야 해요. 잘게 썬 새우, 생선, 닭에 여러 향신료와 소스를 넣고 5~6시간 걸쭉하게 끓여서 만든 수프 같은 음식이에요. '톰'은 태

톰양쿵

국어로 '끓이다.'라는 뜻이고, '얌'은 '새콤한 맛'을, '쿵'은 '새우'를 뜻해요. 톰양쿵은 새콤하고 달짝지근하며 맵고 짜기까지 한 네 가지 맛이 어우러져 아주 독특한 맛이 나요.

베트남 쌈 요리인 고이쿠온이 이름 높아요. 흔히 월남쌈이라고 하지요. 고이쿠온은 베트남에서 아침으로 즐기는 음식이에요. 닭고기, 부추, 향채, 쇠고기, 삶은 새우 따위를 쌀 종이에 말아서 생선 소스에 찍어 먹어요. 소뼈나 닭고기를 우려낸 국물에 쌀국수나 숙주 같은 채소를 넣고 먹는 '퍼'라는 국물 요리와, 튀기고 양념한 고기를 소스와 함께 밥 위에 끼얹어 먹는 볶음 덮밥 '껌'도 널리 알려진 베트남 음식이에요.

고이쿠온

또르띠야 데 빠따따스

에스파냐 감자 오믈렛 '또르띠야 데 빠따따스'가 널리 알려져 있어요. 우리나라에서는 장맛을 보면 그 집 음식 솜씨를 알 수 있다는데, 에스파냐에서는 '또르띠야 데 빠따따스'를 보면 그 집 음식 솜씨를 안다고 하지요. 토마토, 오이, 피망, 식초, 마늘, 올리브유, 빵을 넣고 갈아서 데우지 않고 만든 찬 수프인 가스파초도 널리 알려져 있어요. 에스파냐 남쪽 더운 지방에서 시원하게 먹을 수 있는 여름철 수프예요.

몸에 좋은 먹을거리, 몸에 나쁜 먹을거리

열 가지 몸에 좋은 먹을거리

우리 속담에 '밥이 보약이다.'라는 말이 있어요. 싱싱한 재료로 정성껏 만든 음식은 어느 것 하나 보약이 아닌 게 없지요. 그 가운데에서도 특히 건강에 좋은 음식들이 있다고 해요. 미국 〈타임〉지에서 여러 과학자들의 연구 결과를 바탕으로 '열 가지 건강 식품'을 발표했어요.

토마토 빨간 토마토에는 암을 막아 주는 성분이 있어요. 또 토마토를 많이 먹으면 피부도 좋아지고 빨리 늙지도 않는다고 해요.

시금치 뽀빠이가 좋아하는 시금치는 비타민이 아주 풍부해요. 칼슘과 철분도 많아서 어린이와 임산부한테 더욱 좋아요. 변비에도 효과가 있고, 빈혈도 막아 줘요.

와인 술은 술인데 알맞게 마시면 몸에 좋은 술이 와인이에요. 와인에는 심장병을 막아 주는 성분이 있다고 해요. 물론 너무 많이 마시면 좋지 않겠죠?

견과류 호두, 은행, 땅콩, 잣, 밤과 같은 견과류에는 식물성 지방과 비타민이 많이 들어 있어요. 뇌를 지켜 주고 '먹는 화장품'이라고도 할 만큼 피부에 좋지요.

브로콜리 브로콜리에는 비타민 시(C)가 아주 많이 들어 있어요. 여러 가지 미네랄도 들어 있어서 암을 막아 주고 피부에도 좋아요. 잎은 물론 줄기까지 다 먹는 것이 좋다고 해요.

귀리 보리와 비슷한 곡물인 귀리에는 단백질이 많이 들어 있어요. 에너지가 풍부한 곡물이지요. 소화가 잘되고 혈압을 낮추는 데도 효과가 있어서 뚱뚱한 사람들이 먹으면 좋아요.

연어 연어는 비타민이 풍부한 생선이에요. 소화를 돕고 피 순환도 잘 되게 해 줘요. 또 뇌세포를 잘 움직이게 해 주는 디에이치에이(DHA)와 단백질이 많이 들어 있어서 어린이들한테도 좋아요.

마늘 마늘은 암과 심장병을 막아 줘요. 비타민도 풍부하지요. 약이라고 해도 지나치지 않은 마늘의 뛰어난 효능은 바로 지독한 마늘 냄새를 일으키는 성분에 들어 있다고 해요.

녹차 녹차는 피를 맑게 하고, 온몸에 피가 잘 돌게 해 줘요. 또 몸에 쌓인 독을 몸 밖으로 내보내기도 하지요. 암과 심장병을 막아 주는 '폴리페놀' 성분이 들어 있어요

머루 짙은 보랏빛인 머루 열매는 우리 몸의 피 돌기를 돕고 몸을 튼튼하게 해 줘요. 보랏빛을 내는 색소에는 바이러스와 세균을 죽이는 효과가 있다고 해요. 우리나라에서는 술로 담가 먹기도 하고, 뿌리를 찧어 해독제로 쓰기도 해요.

열 가지 몸에 나쁜 먹을거리

세계 보건 기구(WHO)와 〈타임〉지가 뽑은 10대 불량 식품이에요. 이 모든 것들을 아예 안 먹고 살기는 힘들겠지만 되도록 멀리하는 것이 건강의 지름길이지요. 혹시 이 가운데 내가 자주 먹는 것은 없는지 살펴보세요.

기름에 튀긴 음식 심혈관 질병을 일으키고 발암 물질도 들어 있어요. 조리 온도가 높고 조리 시간이 길수록 몸에 안 좋지요. 고기나 채소를 기름에 튀기면 비타민이 파괴되고 단백질도 변질되기 쉬워요.

소금에 절인 음식 소금을 너무 많이 먹으면 피에 나트륨 농도가 높아져 혈관이 좁아지고 고혈압에 걸리기 쉬워요. 아울러 위암이나 후두암에 걸릴 확률도 매우 높아진다고 해요.

가공류 고기 햄이나 소시지 같은 가공류 고기에는 몸에 안 좋은 첨가물이 아주 많이 들어가 있어요. 발암 물질 가운데 하나인 아질산염과 방부제가 들어 있고 간에도 부담을 많이 줘요.

과자 열량만 높고 영양은 낮아요. 향료와 색소가 잔뜩 들어 있어 간 기능에 부담을 주고 비타민을 파괴하기도 해요. 과자에 많이 든 설탕은 성인병을 일으키고 면역 기관과 면역 세포 활동량을 떨어뜨려요.

탄산음료 인산, 탄산이 들어 있어서 몸속의 철분, 칼슘 성분을 오줌으로 빼 내 버려요. 몸속의 비타민을 빼앗아 졸음이 오고 입맛이 없어지게 해요. 몸에 나쁜 색소도 많이 들어 있어요.

간편(인스턴트) 음식 소금기가 많고 방부제나 향료가 많이 들어 있어서 간을 상하게 할 수 있어요. 동물성 단백질, 지방이 많은 대신 비타민이나 무기질이 별로 없어서 영양 균형을 깨뜨려 버리지요.

통조림 생선, 고기, 과일과 같은 재료의 비타민을 파괴하고 단백질을 변형시켜요. 열량은 매우 높지만 다른 영양 성분은 거의 없지요. 살균이나 방부 처리를 하려고 여러 가지 약품도 첨가했어요.

절인 과일 설탕이나 소금에 절인 과일도 불량 식품에 속해요. 과일을 설탕에 절이면 무기질과 비타민이 파괴되지요. 발암 물질의 대표라고 할 수 있는 아질산염도 들어 있어요. 몸에 안 좋은 방부제나 향료도 아주 잔뜩 들어가 있어요.

냉동 간식 아이스크림이나 아이스 케이크처럼 단 냉동 음식을 말해요. 쉽게 살이 찌게 하고 이와 잇몸에도 지나친 자극을 주지요. 단맛이 너무 강해 밥맛을 떨어뜨려 영양 균형을 쉽게 깨뜨려 버려요.

숯불구이 불에 구운 음식은 신장과 간에 부담을 많이 줘요. 불에 구운 닭다리 한 개는 담배 60개비 독성과 맞먹는다고 하지요. 단백질이 많은 음식이 높은 온도에서 타면 단백질이 변질되어 영양가가 떨어지고 암까지 일으킬 수 있어요.